Managementmoden nutzen

Stefan Kühl

Managementmoden nutzen

Eine sehr kurze Einführung

Stefan Kühl
Fakultät für Soziologie
Universität Bielefeld
Bielefeld, Deutschland

ISBN 978-3-658-47324-2   ISBN 978-3-658-47325-9 (eBook)
https://doi.org/10.1007/978-3-658-47325-9

Die Deutsche Nationalbibliothek verzeichnet diese Publikation in der Deutschen Nationalbibliografie; detaillierte bibliografische Daten sind im Internet über https://portal.dnb.de abrufbar.

© Der/die Herausgeber bzw. der/die Autor(en), exklusiv lizenziert an Springer Fachmedien Wiesbaden GmbH, ein Teil von Springer Nature 2025

Das Werk einschließlich aller seiner Teile ist urheberrechtlich geschützt. Jede Verwertung, die nicht ausdrücklich vom Urheberrechtsgesetz zugelassen ist, bedarf der vorherigen Zustimmung des Verlags. Das gilt insbesondere für Vervielfältigungen, Bearbeitungen, Übersetzungen, Mikroverfilmungen und die Einspeicherung und Verarbeitung in elektronischen Systemen.
Die Wiedergabe von allgemein beschreibenden Bezeichnungen, Marken, Unternehmensnamen etc. in diesem Werk bedeutet nicht, dass diese frei durch jede Person benutzt werden dürfen. Die Berechtigung zur Benutzung unterliegt, auch ohne gesonderten Hinweis hierzu, den Regeln des Markenrechts. Die Rechte des/der jeweiligen Zeicheninhaber*in sind zu beachten.
Der Verlag, die Autor*innen und die Herausgeber*innen gehen davon aus, dass die Angaben und Informationen in diesem Werk zum Zeitpunkt der Veröffentlichung vollständig und korrekt sind. Weder der Verlag noch die Autor*innen oder die Herausgeber*innen übernehmen, ausdrücklich oder implizit, Gewähr für den Inhalt des Werkes, etwaige Fehler oder Äußerungen. Der Verlag bleibt im Hinblick auf geografische Zuordnungen und Gebietsbezeichnungen in veröffentlichten Karten und Institutionsadressen neutral.

Springer VS ist ein Imprint der eingetragenen Gesellschaft Springer Fachmedien Wiesbaden GmbH und ist ein Teil von Springer Nature.
Die Anschrift der Gesellschaft ist: Abraham-Lincoln-Str. 46, 65189 Wiesbaden, Germany

Wenn Sie dieses Produkt entsorgen, geben Sie das Papier bitte zum Recycling.

Vorwort

Managementmoden ziehen zwangsläufig Kritik auf sich. Wirtschaftswissenschaftler bemängeln, dass die Verfechter von Managementmoden mit einem simplen Verständnis von Organisationen arbeiten, das mit der Realität von Organisationen wenig zu tun hat (für eine frühe Kritik Hilmer und Donaldson 1996). Sozialwissenschaftler beklagen, dass der Heizwert vieler Managementbücher deren Erkenntniswert bei Weitem übersteigt (Sievers 1989, S. 44). Soziologen stellen fest, dass die Managementmoden so wenig zu vermeiden sind wie der jährliche Grippe-Virus, der zwar immer nur leicht mutiert, aber einen gerade deswegen immer wieder erwischt (Sorge und van Witteloostuijn 2004, S. 1209).

Aus einer wissenschaftlichen Perspektive sind die Verfechter von Managementmoden ein einfaches Ziel (siehe für Überblicke Abrahamson 1996, S. 255; Jackson 2001, S. 17; Huczynski 2006, S. 6; Collins 2020, S. 52). Die Konzepte sind häufig so mit Werteformulierungen aufgeladen, dass es ein leichtes Spiel ist, auf die inneren Widersprüchlichkeiten in ihrer praktischen Umsetzung zu verweisen (siehe dafür klassisch Pascale 1990, S. 18 f.). Die empirische Basis der Managementkonzepte ist häufig nur eine schlecht gemachte Simulation wissenschaftlicher Vorgehensweisen, sodass sie in den meisten Fällen einer Methodenkritik von Studierenden im ersten Semester nicht standhalten würde (siehe dazu beispielsweise Guest 1994, S. 5 ff.).

Neben einer Industrie, die in immer kürzeren Zyklen Managementkonzepte auf den Markt bringt, hat sich deswegen ein eigenes Genre ausgebildet, in dem die jeweils aktuelle Managementmode auseinandergenommen wird. Es scheint inzwischen nicht nur eine Mode zu sein, immer neue wohlklingende Managementkonzepte zu propagieren, sondern diese dann mit der Aussage „Alles schon mal dagewesen" zu kritisieren (so Nicolai und Simon 2001, S. 499). In akademischen Kreisen scheint es, so die Beobachtung, zu einer Art Massensport geworden zu sein, Managementmoden zu entlarven (so Collins 2001a, S. 27). Kritiker der Modenkritik zeigen sich deswegen gelangweilt, dass mit der Geste „Nichts Neues unter der Sonne" letztlich immer wieder die gleiche Argumentationsfigur genutzt wird (so Ortmann 2021, S. 169). Fast kann man – in einer weiteren reflexiven Drehung – den Eindruck bekommen, dass es inzwischen nicht nur in Mode ist, Managementmoden zu kritisieren, sondern es inzwischen auch modisch ist, die immer wieder vorgebrachten Kritiken von Managementmoden zu kritisieren.

Dabei darf nicht übersehen werden, dass es Sinn ergeben kann, mit einer organisationswissenschaftlichen Kritik an der jeweils aktuellen Managementmode zu parasitieren. In der Lehre an Universitäten und Fachhochschulen ist es hilfreich, Studierende die aktuellen Managementmoden analysieren zu lassen, damit sie den Unterschied zwischen lediglich akademisch klingenden Selbstbeschreibungen in der Managementliteratur und distanzierenden Fremdbeschreibungen aus der Organisationswissenschaft begreifen (siehe dazu Örtenblad et al. 2015). Es kann als Organisationsforscher sinnvoll sein, sich an der gerade gefeierten Managementmode kritisch abzuarbeiten, um in der Abgrenzung alte Einsichten der Organisationswissenschaft unter die Praktiker zu bringen (siehe für diese Vorgehensweise Kühl 2015c). Vereinzelnd mag es sogar sinnvoll sein, eine eigene kleine Managementmode zu initiieren, um wissenschaftlich fundierte Überlegungen zu Macht, Vertrauen und Verständigung in Organisationen bei Praktikern zu verankern (siehe als einen solchen Versuch Kühl 2017).

Aber letztlich ist aus einer abgeklärten Praktiker-Perspektive sowohl der Lärm, mit dem neue Managementkonzepte unter die Leute gebracht werden, als auch die zwangsläufig darauffolgende Kritik an diesen, unbefriedigend. Einerseits reicht schon ein wenig Organisationserfahrung aus, um nicht in Begeisterungsstürmen zu verfallen, wenn unter Labeln wie Agilität, Exzellenz oder Qualität eine neue Sau durch das Dorf des Managements getrieben wird. Andererseits weiß man aber als erfahrener Praktiker auch, dass man sich den häufig angesagten Moden nur schwer entziehen kann. Aus dieser Perspektive ergibt es Sinn, sich über die sehr simple Machart von Managementmoden bewusst zu sein und sie so für seine eigenen Zwecke einsetzen zu können.

Das Ziel dieses Buches ist es, aufzuzeigen, wie man die Managementmoden in Veränderungsprozessen von Organisationen nutzen kann. Auch wenn Organisationsmitglieder gut beraten sind, sich nicht mit Haut und Haar einer gerade aktuellen Organisationskonzeption zu verschreiben, so kann man diese doch für seine Veränderungsprozesse in Organisationen einsetzen. Weil eine Managementmode immer ausdeutbar ist, kann man in ihrem

Schatten pragmatische Lösungen für aktuelle Probleme suchen.

Dieses Buch ist Teil unser kontinuierlich wachsenden Reihe Management Kompakt, in der wir vor dem Hintergrund moderner Organisationstheorien für Praktikerinnen und Praktiker die Essentials für das Wirken in Organisationen darstellen. Neben diesem Band sind Bücher zu den Themen „Organisationen gestalten", „Organisationskultur beeinflussen", „Projekte führen", „Strategien entwickeln", „Leitbilder erarbeiten", „Märkte explorieren", „Führung managen", „Compliance managen", „Workshops moderieren" und „Laterales Führen" erschienen. Weil wir diese Bücher auf den gleichen Grundüberlegungen aufbauen, werden aufmerksame Leserinnen und Leser zwischen den Büchern immer wieder verwandte Gedankengänge und ähnliche Formulierungen finden. Diese Überschneidungen werden von uns bewusst eingesetzt, um die Einheitlichkeit des zugrunde liegenden Gedankengebäudes der verschiedenen Bücher hervorzuheben.

Das Buch ist als eine Art „Nebenprodukt" verschiedener Buchprojekte. In den Büchern „Führung und Gefolgschaft" (Kühl 2025) und „Schattenorganisation" (Kühl 2023) arbeite ich den Aufstieg und Niedergang von Managementkonzepten heraus, die auf eine starke Formalisierung von Organisationsstrukturen setzen. Einige der dort angestellten allgemeinen Überlegungen nutze ich hier. In meinem Buch „Der ganz formale Wahnsinn. 111 Einsichten in die Welt der Organisationen" (Kühl 2022) habe ich eine Reihe von Elementen von Managementmoden beschrieben. Besonders bei der Darstellung der „Bauart" von Managementmoden greife ich auf diese zurück.

Ich halte nichts davon, Texte für Manager und Berater mittels einer Ansammlung von Bullet Points, Executive Summaries oder grafischen Darstellungen zu „vereinfachen". In vielen Fällen werden durch diese Unterstützungen die Leserinnen und Leser intellektuell unterfordert. Es wird unterstellt, dass diese nicht in der Lage sind, zentrale Gedanken ohne textliche und visuelle Hilfsmittel zu erfassen. Ich nutze deswegen in diesem Buch – genauso wie in allen anderen Büchern in der Reihe –, neben der einzigen in jedem Buch vorkommenden Grafik der Meta-Struktur-Matrix, lediglich ein Element, das die Lektüre des Buches erleichtert: In kleinen Kästen führe ich einerseits empirische Beispiele aus Organisationen an, die unsere Gedanken illustrieren, und andererseits nutze ich Kästen dafür, um zu zeigen, wie man mit Hilfe der Organisationstheorie konkrete Managementmoden analysiert. Wer wenig Zeit hat, kann auf den Inhalt dieser Kästen verzichten, ohne dass dadurch der rote Faden bei der Lektüre verloren geht.

Dieses Buch wurde im Rahmen des Metaplan Professional Programms „Führen und Beraten im Diskurs" entwickelt. Den Teilnehmerinnen und Teilnehmern der verschiedenen Jahrgänge, die die hier vorgestellte Vorgehensweise nicht nur immer wieder kritisch hinterfragt, sondern auch ihre Erfahrungen aus der Praxis zurückgespielt haben, sei genauso für die vielfältigen Inputs gedankt wie den Organisationswissenschaftlern, die in den letzten Jahrzehnten die Praxis von Metaplan gerade im Hinblick auf das Verständnis von Managementmoden immer wieder kritisch reflektiert und kommentiert haben.

Bielefeld, Deutschland   Stefan Kühl

Inhaltsverzeichnis

1 Managementmode – Was ist das?   1
  1.1 Managementmoden – eine Bestimmung   2
  1.2 Managementmoden – Eine Einordung in die Meta-Struktur-Matrix   8

2 Jenseits der zweckrationalen Vorstellung von Managementmoden   19
  2.1 Die Versprechungen von Managementmoden   20
  2.2 Der Charme von Managementmoden   32
  2.3 Zu den Grenzen eines zweckrationalen Zugangs   46

3 Die Verwendung von Managementmoden in Veränderungsprozessen   55
  3.1 Die Schwierigkeit bei der Veränderung in Organisationen   56
  3.2 Die Schaffung von Veränderungsbereitschaft   60
  3.3 Die Chancen der Mehrdeutigkeit von Managementmoden   65
  3.4 Lob und Tadel der Ignoranz   70

4 Zum Arbeiten mit Managementmoden –
  ein Fazit   79

Literatur   85

1
Managementmode – Was ist das?

Man kann in Diskussionen über Managementkonzepte alleine schon dadurch Effekte erzielen, dass man die in den letzten Jahrzehnten propagierten Managementmoden aufzählt: „Organische Unternehmensform", „synthetische Organisation", „Adhocratie", „Theory Z", „Modell J", „System 5", „integrativ-innovative Systeme", „vielzellige Organisation", „schlankes Unternehmen", „reengineerte Unternehmung", „modulare Fabrik", „fraktale Fabrik", „responsive Organisation", „erforderliche Organisation", „lernende Organisation", „intelligente Organisation", „wissensgenerierende Unternehmung", „kollaboratives Unternehmen", „vielzellige Unternehmung", „zentrumslose Corporation", „grenzenlose Organisation", „horizontale Organisation", „selbstgemanagte Organisation", „dynamikrobuste Organisation", „agile Organisation", „adaptive Organisation", „resiliente Organisation", „Teal-Organisation", „holakratische Organisation", „gesprächige Firma", „kollegial geführte Organisation" oder „Beta-Organisation" (siehe für solche Aufzählungen beispielhaft Pascale 1990; DiMaggio 2001; Bort 2015).

Allein die monotone Aneinanderreihung ermöglicht einen ersten Zugriff auf Managementmoden. Sie illustriert, wie griffige Namen für Managementkonzepte generiert werden, die bei Rezipienten verfangen können. Sie vermittelt einen Eindruck davon, mit welcher Geschwindigkeit Managementkonzepte auf den Markt gebracht und dann durch andere abgelöst werden. Sie ermöglicht die Prüfung, welche Managementmoden noch erinnert werden und welche aus dem kollektiven Gedächtnis verschwunden sind.

Aber was sind Managementmoden?

1.1 Managementmoden – eine Bestimmung

Managementmoden – oder in der allgemeineren Formulierung Managementkonzepte – sind breit geteilte Vorstellungen darüber, wie Unternehmen, Verwaltungen, Krankenhäuser, Hochschulen, Schulen, Armeen, Polizeien oder Verbände besser organisiert werden können. Sie sind ein System aus Annahmen, Prinzipien und Regeln, die Manager in die Lage versetzen, eine Situation einzuschätzen, die eigenen Praktiken infrage zu stellen und alternative Handlungsmöglichkeiten zu erwägen (so Kramer 1975, S. 47).

Die Wissensbestände werden dabei so angeordnet, dass sich die Handlungsempfehlungen nicht lediglich auf eine einzelne Organisation beziehen, sondern für eine Vielzahl von Organisationen hilfreich sein sollen. In einigen Fällen beschränkt sich eine Managementmode auf einen Organisationstypus – zum Beispiel nur auf Unternehmen, nur auf Verwaltungen oder nur auf Armeen. Häufig springt eine Managementmode jedoch von einem Organisationstypus auf einen anderen über. Verwaltungen und Universitäten übernehmen dann Konzepte, die ursprünglich für Unternehmen konzipiert wurden oder Unternehmen adaptieren Konzepte, die sich bei Armeen bewährt haben. Managementmoden versprechen durch die Einführung neuer Gestaltungsprinzipien, die Anpassungs-, Leistungs- und Innovationsfähigkeit der Organisationen zu erhöhen. Dabei werden verschiedene Konzepte zur Gestaltung von Organisationen nicht gleichwertig nebeneinandergestellt, sondern der Eindruck vermittelt, dass eines dieser Konzepte allen anderen überlegen ist. Mit dieser Anordnung in geeignetere und ungeeignetere Konzepte wird an das in Organisationen weit verbreitete Bedürfnis angesetzt, wahrgenommene Defizite zu beheben und bisher nicht genutzte Verbesserungsmöglichkeiten zu erschließen (Carson et al. 2000, S. 1143 f.).

Die „Erfindung" von Managementmoden

Die Personen, die bei der Entstehung einer Managementmode einander maßgeblich beeinflussen, können unterschiedliche Hintergründe haben (siehe zu Folgendem einschlägig Huczynski 1993b, S 40 ff.). Einige sind in der Wissenschaft verankert und präsentieren ihre Überlegungen als Ergebnis empirischer Forschungen (siehe z. B. Porter 1980; Kanter 1983; Senge 1990 oder Scharmer 2009b). Andere entwickeln die Konzepte aus ihrem Beratungsgeschäft heraus und stellen diese als Ergebnis ihres Kontaktes mit einer Vielzahl von unterschiedlichen Organisationen dar (siehe z. B. Peters und Waterman 1982; Laloux 2014). Wiederum andere präsentieren ihr Organisationskonzept als Quintesse ihrer Tätigkeit als Top-Manager in einer Organisation (siehe z. B. Iacocca 2007; Hsieh 2010).

Einige Managementmoden werden sofort mit einem oder zwei „Erfindern" assoziiert. Dies hat dazu geführt, dass sich eine eigene kleine Industrie von „Managementgurus" ausgebildet hat, in der einmal populär gewordene Wissenschaftler, Berater und Manager versuchen, „ihr" Managementkonzept in der Diskussion zu halten (siehe dazu Huczynski 1993b, S. 6; Huczynski 1993a, S. 446; Collins 2020, S. 6 f.). Bei anderen Managementmoden, wie „Organisationslernen" oder „Agilität", ist es zwar möglich zu zeigen, wie sie im Management populär geworden sind, aber letztlich ist es niemandem gelungen, dass das Managementkonzept vorrangig mit dem eigenen Namen verbunden wird.

Der Erfolg von Managementmoden basiert darauf, dass eine Vielzahl von Vortragenden, Beratern und Trainern auf den Zug aufspringen (siehe dazu Collins 2000, S. 78 ff.; Collins 2020, S. 45 ff.). Sie propagieren die Ideen in eigenen Büchern, Artikeln und Blog-Beiträgen, indem sie Grundprinzipien der Managementmode neu aufbereiten. Sie präsentieren das Konzept auf Seminaren und Konferenzen und reichern es dabei mit eigenen Überlegungen an. Sie übersetzen die häufig abstrakten Überlegungen in Schulungskonzepte und unterlegen die Konzepte mit eigenen Erfahrungen. Nicht zuletzt unterstützen sie Organisationen bei der Implementierung, indem sie Werkzeuge und Methoden anbieten, mit denen die Managementmode praktisch wirksam wird.

Zum Unterschied von Managementmoden und Managementkonzepten

Managementmoden sind – wie Moden generell – zeitlich befristet (Abrahamson 1996, S. 255). Eine Managementmode steht häufig nur eine sehr kurze Zeit im allgemeinen Fokus der Aufmerksamkeit und verliert dann häufig schnell an Attraktivität. In vielen Fällen nutzen sich Managementmoden langsam ab, manchmal verlieren sie aber sehr schnell an Popularität, weil klar wird, dass sich die sehr weitgehenden Versprechen nicht erfüllen (Miller et al. 2004, S. 7). Eine neue, auf den Markt drängende „heiße" Managementkonzeption verdrängt eine ehemals angesagte Managementmode.

> **Zur Soziologie der Mode**
>
> Das zentrale Merkmal von Moden ist ihre Vergänglichkeit. Alle Moden unterliegen einem spezifischen Zyklus von Entstehung, Verbreitung und Niedergang. Das unterscheidet sie von sozialen Phänomenen wie Habitus, Gewohnheiten, Stil oder Innovation. Sowohl bei Kleidermoden und Musikstilen als auch bei Managementkonzepten träumen ihre „Erfinder" davon, dass sie nicht lediglich ein kurzes „Strohfeuer" entzündet, sondern einen „Klassiker" geschaffen haben, der sie selbst überlebt. Aber häufig wird diese Hoffnung spätestens dann enttäuscht, wenn ihre Idee durch die nächste Mode abgelöst wird.
>
> Man kann einiges über Moden im Management lernen, wenn man sich die Mechanismen bei anderen Moden anschaut – bei Kleidung, bei Musikstilen, bei Bartformen, bei Vornamen oder sogar bei Hinrichtungsmethoden. Auch wenn die Verfechter von Managementkonzepten sich mit dem Verweis auf die Irrationalität vieler anderer Moden gegen den Vergleich wehren, gibt es doch eine Reihe von Ähnlichkeiten (siehe dazu Clark und Greatbatch 2016, S. 402).
>
> Ein zentrales Merkmal von Moden ist, dass sie „ansteckend" wirken. Ähnlich wie bei Kleidung, Musikstilen, Vornamen oder Hinrichtungsformen, gibt es auch bei Organisationsmoden Vorreiter, an denen sich dann irgendwann viele andere orientieren (siehe dazu Aspers 2005). Wer dieser Vorreiter ist, kann man nicht wissen, aber sobald sich ein solcher herauskristallisiert hat, orientieren sich immer mehr an ihm. Es findet ein Prozess der sozialen Ansteckung statt, dem man sich immer schwerer entziehen kann. Irgendwann ist der soziale Druck so stark, dass man sich rechtfertigen muss, weswegen man nicht „mit der Mode geht".

Die „Durchdringungskraft" einer Mode kann auf ihrem Höhepunkt so stark werden, dass sich Beweislasten grundlegend verschieben (Esposito 2004, S. 14). Während man sich bei der Entstehung einer Mode noch rechtfertigen muss, weswegen man einen extravaganten Haarstil hat, einen ungewöhnlichen Vornamen für sein Kind wählt oder das Hierarchieprinzip in einer Organisation infrage stellt, erhält man Zuspruch, wenn sich eine Mode erst einmal durchgesetzt hat. Dann müssen sich die Personen rechtfertigen, die sich ihre Haare nicht lang wachsen lassen, sich bei der Benennung ihrer Kinder nicht an den Top-100 der weiblichen und männlichen Vornamen orientieren oder noch Argumente für eine Hierarchie in Organisationen mobilisieren. Wer mit der Mode geht, kann sich auf der sicheren Seite wähnen – wer sich ihr entziehen will, muss sich rechtfertigen.

Bei der Durchsetzung von Moden kann man einerseits einen „Trickle-Down-Effekt" beobachten (siehe zu Moden als „Klassenmoden" Simmel 2012, S. 21 ff.). Dabei wird argumentiert, dass sich Moden an der jeweiligen dominierenden Schicht orientieren. Bei Kleidermoden kann das eine Oberschicht sein, die von allen anderen nachgeahmt wird, bei Hinrichtungsarten an besonders effizient wirkenden Methoden totalitärer Staaten oder bei Managementmoden an besonders erfolgreich angesehenen Großunternehmen. Umgekehrt gibt es aber auch einen „Trickle-Up-Effekt", bei dem die Entstehung von Moden auf „Outsider" zurückgeführt werden kann. Die Kleidermoden orientieren sich an dem Stil von Mitgliedern aus der als anrüchig angesehenen „Halbwelt", Hinrichtungsmethoden an den Praktiken von ansonsten verachteten „Paria-Staaten" und Managementmoden an hippen Kleinstorganisationen, die erst seit einigen Jahren existieren (siehe dazu schon früh auch Simmel 2012, S. 25).

Sicherlich spielen Moden in der modernen Gesellschaft eine nicht zu unterschätzende Rolle, weil sie zumindest für eine gewisse Zeit Orientierung bieten. Aber es wäre sicherlich übertrieben, diese als einen „zentralen Mechanismus" in der modernen Gesellschaft zu bezeichnen (so zum Beispiel Blumer 1969, S. 290). Genauso wenig wie man Organisationen begreift, wenn man sich auf die Analyse der gerade angesagten Managementmoden konzentriert, begreift man Gesellschaft, wenn man sich anschaut, was gerade angesagt

> ist. Aber einen kleinen Einblick in die Funktionsweise von Gesellschaften im Allgemeinen und von Organisationen im Besonderen kann man doch erhalten, wenn man analysiert, welchen Gesetzmäßigkeiten Moden unterliegen.

Ob man die Vorschläge als klassische Form der Organisation, als Managementkonzept, als bewährtes Verfahren, als optimale Praxis oder als Managementmode oder gar als kurzlebigen Trend darstellt, hängt von der Perspektive der Beobachter ab (zur Differenzierung von Fashions und Fads in der englischsprachigen Literatur z. B. siehe Furnham 2004; zu verschiedenen Bezeichnungen siehe Sturdy et al. 2019). Während Kritiker darauf verweisen, dass es sich bei einem Konzept lediglich um die Renaissance eines schon lange bekannten Organisationsprinzips handelt und deswegen ein baldiges Verschwinden prognostizieren, würden die Verfechter eines Managementvorschlags ihr Konzept selbst entwerten, wenn sie es als Managementmode darstellen würden. Die Anhänger eines Konzepts träumen davon, dass sie eine neue Organisationsform gefunden haben, die in einigen Jahrzehnten als klassisch eingeschätzt werden wird, während Skeptiker darauf verweisen, dass es sich lediglich um eine Neumischung altbekannter Prinzipen handelt, die sich schnell als gefährliche Managementmarotte herausstellen wird (siehe dazu Miller und Hartwick 2002; Miller et al. 2004).

Von einer distanzierteren Position könnte man argumentieren, dass man erst aus zeitlicher Distanz beurteilen kann, ob es sich bei einer Managementkonzeption um eine vergängliche Managementmode oder um ein zeitloses Managementprinzip handelt. Wenn eine Managementkonzeption mit der Zeit verblasst, ist dies ein deutliches Indiz dafür, dass es sich um eine Managementmode gehandelt hat. Wenn die Konzeption auch nach Jahrzehnten in der Diskussion ist und in Managementbüchern diskutiert wird, spricht vieles dafür, dass es sich um weitgehend zeitlose Prinzipien handelt.

1.2 Managementmoden – Eine Einordung in die Meta-Struktur-Matrix

Um die Wirkung von Managementmoden verstehen zu können, bietet es sich an, mit der Meta-Struktur-Matrix zu arbeiten. In der einen Dimension werden dabei drei Strukturtypen – Kommunikationswege, Programme und Personal – unterschieden (siehe dazu ausführlich Luhmann 2000, S. 256 ff.). In der anderen Dimension werden drei Formen unterschieden, in denen Erwartungen in Organisationen gebildet werden – die Schauseite, die formale und die informale Seite (siehe dazu kompakt Kühl 2014, S. 346 f.) (Abb. 1.1).

Die drei Strukturtypen in Organisationen
Managementmoden legen in der Regel ihren Schwerpunkt auf einen Strukturtypus fest und definieren von da aus die Anforderungen in den anderen beiden Strukturtypen. Einige Managementmoden wählen dabei die Kommunikationswege als Ausgangspunkt – also die Art und Weise, wie man in der Organisation kommunizieren kann und muss – und definieren anschließend die Programmstruktur und die Personalanforderungen. Andere nehmen die Programme – die Zielsysteme, Dienstanweisungen oder EDV-Programme – als Ausgangspunkt und leiten daraus die Kommunikationswege und die Personalstruktur ab. Wiederum andere Managementmoden nehmen das Personal als

1 Managementmode – Was ist das?

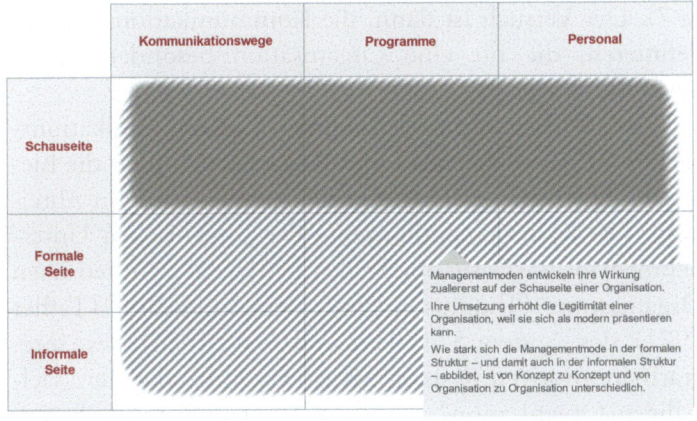

Abb. 1.1 Die Meta-Struktur-Matrix – Anwendung auf Managementmoden. (Eigene Abbildung)

Ausgangspunkt und überlegen, mit welchen Kommunikationswegen und welchen Programmen dieses besonders wirksam gemacht werden kann. Wenn man sich die Strukturtypen genauer anschaut, kann man sich deswegen einen ersten Zugriff auf die Bauart von Managementmoden erschließen.

Bei den *Kommunikationswegen*, einem ersten Strukturtypus, wird über Hierarchien, Mitzeichnungsrechte und Projektstrukturen festgelegt, wer miteinander kommunizieren sollte und wer nicht. Durch das Festlegen von formalen Kommunikationswegen werden die Möglichkeiten zur Kommunikation in der Organisation erst einmal stark eingeschränkt. Lediglich eine kleine Zahl legitimierter Kommunikationswege ist zugelassen, auf denen sich die Mitglieder zu bewegen haben, wenn sie ihre Mitgliedschaft nicht aufs Spiel setzen wollen. Jede Organisation schränkt also erst einmal eine „Grundbedingung menschlicher Möglichkeiten" ein, nämlich die, dass „jeder mit jedem immer über alles kommunizieren kann" (Luhmann 1970,

S. 7). Der Versuch ist dann, die Kommunikationswege zu definieren, die für eine Organisation besonders geeignet sind.

Viele Managementmoden nehmen die Kommunikationswege zum Ausgangspunkt und beklagen sich über die hierarchische Grundstruktur und die Aufgliederung in Abteilung. Die Managementkonzepte der „organischen Unternehmensform" (Burns und Stalker 1961), der „synthetischen Organisation" (Thompson 1967), der „Adhocratie" (Toffler 1971), des „System 5" (Likert und Araki 1986), des „integrativ-innovativen System" (Kanter 1983) oder der „vielzelligen Organisation" (Landier 1987), zielen alle darauf, die Hierarchiestufen zu reduzieren und die Abteilungsgrenzen durchlässiger zu machen. Die Konzepte der „kollaborativen Unternehmen" (Campbell und Goold 2000), der „horizontalen Organisation" (Ostroff 1999), der „selbstgemanagten Organisation" (Purser und Cabana 1998), der „agilen Organisation" (in Anschluss an Beck et al. 2001), der „Teal-Organisation" (Laloux 2014), der „gesprächigen Firma" (Turco 2016) oder der „kollegial geführten Organisation" (Oestereich und Schröder 2017) sind letztlich nichts anderes als ein Recycling dieser auf Hierarchieabbau und Abteilungssiloauflösung fokussierten Konzepte unter einem neuen Namen.

Über *Programme*, dem zweiten grundlegenden Strukturtypus, bestimmt eine Organisation, unter welchen Bedingungen Entscheidungen als richtig akzeptiert werden. Die Orientierung an den formalen Programmen wird in der Organisation zur Mitgliedschaftsbedingung erhoben. Ein Verbleib in der Organisation wird faktisch unmöglich, wenn man diese Programme offen ablehnt. Eine erste Möglichkeit zur formalen „Programmierung einer Organisation" ist die Festlegung von Konditionalprogrammen in Form von schriftlich fixierten oder über die EDV festgeschriebenen Arbeitsprozessen. Dabei handelt es sich um

1 Managementmode – Was ist das?

Wenn-Dann-Programme, über die genau festgelegt wird, welche Reaktionen eines Mitglieds auf einem vorher definierten Input wie eine Kundenanfrage, einen Bauantrag oder einen Schulamoklauf zu erfolgen hat. Eine zweite Möglichkeit ist die Festlegung von Zweckprogrammen in Form von betrieblichen Zielsystemen, strategischen Zielsetzungen oder Zielvereinbarungen. Dabei wird festgelegt, welche Zwecke beziehungsweise Ziele zu erreichen sind. Die Wahl der Mittel zu deren Erreichung sind aber in einem vorgegebenen Rahmen freigestellt (zur Unterscheidung der Programmtypen siehe Luhmann 1973, S. 101 ff.; Luhmann 2000, S. 263 ff.).

Man kann Managementmoden danach unterscheiden, ob sie den Segen eher in einer Konditionalprogrammierung der Organisation sehen oder ob sie eher auf eine Zweckprogrammierung setzen. Der Taylorismus – sicherlich eines der prominentesten und einflussreichsten Managementkonzepte – verspricht Effizienz- und Qualitätssteigerungen durch eine konsequente Durchprogrammierung der Organisation mit „Wenn-Dann-Regeln". Das Konzept der wissenschaftlichen Betriebsführung des Taylorismus basiert auf der Idee, dass in der Arbeitsplanung systematisch überlegt wird, wie die Arbeitsprozesse auszusehen haben und die Arbeiter dann verpflichtet werden, diesen optimierten Abläufen sklavisch zu folgen (siehe Taylor 1967). Die Konditionalprogrammierung hat sicherlich – nicht zuletzt durch die Kritik am Taylorismus – als Grundlage von Managementkonzepten an Popularität verloren. Letztlich basieren aber Konzepte wie Total-Quality-Management (Ishikawa 1987), Lean Management (Womack et al. 1990) oder auch Business Process Reengineering (Hammer und Champy 1993) auf einer Konditionalprogrammierung der Organisation, nur das Mitarbeiterinnen und Mitarbeitern mehr Mitsprachemöglichkeiten eingeräumt werden. En Vogue sind aber eher Managementkonzepte, die auf die

Zweckprogrammierung setzen, weil den Mitarbeitern dadurch die Freiheit gelassen wird, die Mittel für die Erreichung der Zwecke selbst zu bestimmen. Die Konzepte des „Management by Objectives" (Drucker 1954; Odiorne 1965) und die „Führung im Mitarbeiterverhältnis" (Höhn 1966; Höhn 1978) waren erste, bis ins Detail ausgearbeitete Konzepte einer Steuerung über Zweckprogramme. Die „Führung über Zielvereinbarung" und „Objectives and Key Results" sind letztlich nur Versuche gewesen, dieses Prinzip einer Steuerung über Zweckprogramme wiederzubeleben (prominent Grove 1983; siehe zur „Renaissance" Bungard 2000).

Beim *Personal*, dem dritten zentralen Strukturtypus in Organisationen, handelt es sich um den Versuch über Personalentscheidungen zu beeinflussen, welche Entscheidungen in einer Organisation getroffen werden. Für Organisationen gibt es verschiedene formale Möglichkeiten, an der Stellschraube Personal zu drehen – über Einstellungen, Entlassungen, interne Versetzungen und Personalentwicklung (vgl. hierzu Luhmann 1971, S. 208). Es werden formale Anforderungsprofile für Stellen definiert, wirtschaftliche oder rechtliche Kriterien für Entlassungen bestimmt, offizielle Karrierewege festgelegt oder für alle Mitarbeiter verpflichtende Personalentwicklungsmaßnahmen entwickelt. Dadurch beschränkt sich eine Organisation erst einmal selbst in ihren Möglichkeiten der Personalrekrutierung und Personalverschiebung, schafft damit aber überhaupt erst die Basis, Tausende oder Zehntausende von Personen in eine Organisation zu integrieren.

Viele Managementkonzepte nehmen Überlegungen zum Personal zum Ausgangspunkt ihrer Managementkonzepte. Schon der „Human-Relations-Ansatz", der sich in Abgrenzung zu tayloristischen Arbeitsformen entwickelt hat, wird als Konzept dargestellt, dass den Menschen in den Mittelpunkt stellt (siehe als klassische, aber selten komplett gelesene Arbeiten Mayo 1933 und Roethlisberger und Dickson 1939). Unter solchen Konzepten wie „Humanocray", wird diese Idee neu aufgelegt und die Meinung propagiert, dass eine Organisation nur funktionieren kann, wenn das Potenzial der Mitarbeiter geweckt wird (siehe als Beispiel Hamel und Zanini 2020). Organisationen könnten, so die Idee dieser personenzentrierten Managementmoden, nur innovativ, effizient und effektiv sein, wenn Mitarbeiter sich frei entfalten könnten und so eine hohe Zufriedenheit mit ihrer Arbeit entwickeln (zur Kritik an dieser „Kuhsoziologie", in der zufriedene Kühe mehr Milch geben, König 1983, S. 56; Huczynski 2006, S. 45).

Die drei Seiten von Organisationen
Um genauer zu begreifen, wie Managementmoden in Organisationen wirken und welche Funktionen sie erfüllen, ergibt es Sinn, drei Seiten in einer Organisation zu unterscheiden (siehe dazu ausführlich Kühl 2020b, S. 77 ff.). Der Anspruch der Verfechter von Managementkonzepten ist, dass die neuen Organisationsprinzipien nicht nur auf der Schauseite ausgestellt, sondern in den formalen Strukturen verankert werden und so auch informale Wirksamkeiten entfalten. Bei der Adaptierung von Managementmoden kommt es jedoch häufig nur zu einer losen Kopplung zwischen der Präsentation auf der Schauseite und der formalen Umsetzung bei den Kommunikationswegen, Programmen und Personalkriterien und der Wirkung bei der organisationskulturellen, informalen Erwartungsbildung. Das muss aber nicht zwangsläufig problematisch sein, sondern kann der Organisation nötige Flexibilität bei der Gestaltung ihrer Organisationsstrukturen lassen.

Bei der *Schauseite* handelt es sich um die Fassade der Organisation. Sie soll durch ihre Ausschmückungen, durch ihre Ornamente oder auch nur durch ihre Ebenmäßigkeit etwas darstellen (vgl. Rottenburg 1996, S. 191 ff.). Organisationen präsentieren nach außen eine möglichst attraktive „Fassade", um auf diese Weise die Gunst der Kunden zu erlangen, eine positive Grundhaltung der Massenmedien ihnen gegenüber zu erzeugen oder Legitimation durch politische Kräfte zu erhalten. Was im hinteren Teil des „Geschäfts" abläuft, ist nicht völlig unwichtig, aber das Überleben einer Organisation hängt in vielen Fällen maßgeblich davon ab, dass die „Fassade" mit ihren „Schaufenstern" entsprechend aufgehübscht ist. Das erfolgreiche Management von Organisationen beinhaltet deswegen immer auch Aspekte der „darstellenden Kunst" (Mangham 1990, S. 105).

Die Umsetzungen von Managementmoden haben immer unmittelbar Wirkungen auf der Schauseite einer Organisation. Es erhöht die Reputation einer Organisation, wenn ihr Management erklärt, dass die Bedeutung der Hierarchie zurückgenommen wird und die Mitarbeiter sich zukünftig weitgehendst selbstorganisieren sollen. Es steigert das Prestige, wenn eine Organisation verkündet, dass Mitarbeiter innerhalb von gemeinsam ausgehandelten Zielen, selbst entscheiden können, wie sie diese Ziele erreichen möchten. Es kann zum Ansehen einer Organisation beitragen, wenn das Management betont, dass es von der Qualifikation von Mitarbeitern abhängt, ob man auch in Zukunft erfolgreich ist und deswegen alles getan wird, um Höchstleister zu gewinnen und zu halten. Man darf die Wirkung der Anpassung an Managementmoden auf der Schauseite nicht unterschätzen, weil der Erfolg nicht nur von schnellen Anpassungen an Umweltveränderungen, innovativen Produktentwicklungen und effizienten Prozessen abhängt, sondern auch von der Legitimität, die eine Organisation in ihrer Umwelt hat (siehe für diesen Gedanken einschlägig Meyer und Rowan 1977, S. 352 ff.).

1 Managementmode – Was ist das?

Bei der *formalen Seite* handelt es sich um das offizielle Regelwerk, an das sich die Mitglieder gebunden fühlen. Die zentrale Besonderheit von Organisationen besteht darin, dass sie die Mitgliedschaft unter Bedingungen stellen können: Die Bedingung lautet, eine Entscheidung darüber treffen zu müssen, ob man bereit ist, die Erwartungsstrukturen der Organisation zu akzeptieren. Es wird spezifiziert, von wann bis wann man in den Räumlichkeiten der Organisation anwesend sein muss, was während der Anwesenheit zu tun ist, auf welche anderen Organisationsmitglieder man zu achten hat und welche man ignorieren kann. Wenn man nicht bereit ist, sich an diese Erwartungen zu halten, kann man nicht Mitglied der Organisation bleiben. Die Formalstrukturen sind, so könnte man es etwas sperrig auf den Punkt bringen, die „entschiedenen Entscheidungsprämissen" einer Organisation, an die sich Organisationsmitglieder zu halten haben.

Der Anspruch der Verfechter von Managementkonzepten ist, dass die von ihnen propagierten Prinzipien unmittelbar in der Formalstruktur der Organisation wirken. Vielfach lassen sich die Umweltanforderungen durch symbolische Maßnahmen auf der Schauseite von Organisationen befriedigen. Die Kommunikationsabteilung legt einen neuen Leitbildprozess auf, die Personalentwicklungsabteilung kauft neue Schulungen ein und die Qualitätssicherungsabteilung passt ihre Beobachtungsraster an. Sicherlich – solche Maßnahmen gehen in vielen Fällen nicht spurlos an der Organisation vorbei (siehe dazu Hasse und Japp 1997), aber in den seltensten Fällen finden sich dann unmittelbare Wirkungen in der Form von grundlegend veränderten formalen Erwartungen. Die zur Legitimationsproduktion dienende Schauseite der Organisation und die formale Seite bleiben weitgehend entkoppelt und sickern nur in kleinen Dosen in die Organisation ein.

Der Fall einer Organisationsmode mit direkter Wirkung auf die formale Struktur

Es gibt Managementmoden, denen es besser als anderen gelingt, direkt auf die formale Struktur einzuwirken (siehe zu dem Fall ausführlich Kühl 2023, S. 15). In dem eine Zeit lang im Managementdiskurs populären holakratischen Organisationskonzept wird ein geschickter Kniff genutzt, um die Auflösung von Abteilungsgrenzen und die Aufweichung von Hierarchien zu erreichen: Eine detaillierte formale Fixierung aller nur vorstellbaren Erwartungen an die Organisationsmitglieder. Jede Übernahme einer Aufgabe, jede Zuordnung zu einem Kreis, jede noch so kleine Verschiebung von Zuständigkeiten wird in einer Steuerungssoftware der Organisation für alle sichtbar fixiert. Dadurch entstehen für sämtliche Organisationsmitglieder eine Vielzahl detaillierter Rollenbeschreibungen, die sich zu umfassenden individualisierten Stellenbeschreibungen zusammensetzen lassen. Diese bis ins kleinste Detail gehende Fixierung von Erwartungen an Organisationsmitglieder kann man als Hyperformalisierung bezeichnen.

Die formale Ordnung holakratischer Organisationen wird dadurch geschützt, dass sich Organisationen durch die Unterzeichnung einer fast fünfzigseitigen „Verfassung", in der alle Details der Steuerung einer Organisation geregelt sind, auf die holakratischen Prinzipien festlegen (siehe dazu Robertson 2015, S. 23; Robertson 2016, S. 21). Abgesichert wird dieses Ineinandergreifen der in der Verfassung spezifizierten Elemente durch eine holakratische Steuerungssoftware, über die alle formalen Kommunikations- und Entscheidungsprozesse einer Organisation abgebildet werden. Zwar können sich Organisation entscheiden, auf den Einsatz dieser Softwarepakete zu verzichten, aber spätestens ab einer Größe von zwanzig oder dreißig Mitarbeitern wird die Komplexität so groß, dass sich holakratische Organisationen ohne diese technische Unterstützung kaum mehr steuern lassen.

Die durch die holakratische Verfassung angesetzten Prinzipien sind so stark fixiert, dass jede Änderung sofort als formale Erwartung festgeschrieben wird. Intensiviert wird dieser Prozess dadurch, dass die holakratische Steuerungssoftware kaum Spielräume für Abweichungen in der Formalstruktur lässt. Holakratische Organisationen ändern – anders

> als viele andere Organisationen, die sich Managementmoden anpassen – nicht vorrangig ihre Außendarstellung, sondern besonders ihre formale Struktur. Ob das ein Vor- oder ein Nachteil ist, sei dahingestellt.

Von der *informalen* – organisationskulturellen – *Seite* einer Organisation kann man sprechen, wenn eine nicht in der Formalstruktur erwartete Handlung mit einer gewissen Regelmäßigkeit auftritt. Das „Informale", das „Unterleben", die „Kultur" sind die in einer Organisation herrschenden „nicht entschiedenen Entscheidungsprämissen" (Rodríguez 1991, S. 140 f.). Der Grundgedanke ist simpel: Es gibt Festlegungen über die Art und Weise, wie in Organisationen künftig entschieden werden soll, die nicht durch Entscheidungen eines Unternehmensvorstands, eines Parteitages oder eines Papstes zustande kommen, sondern die sich einfach erfolgreich als Gewohnheiten eingeschlichen haben.

Der Anspruch von Managementmoden ist, dass sie direkt auf die informalen Strukturen – die Organisationskultur – eines Unternehmens, einer Verwaltung, eines Krankenhauses oder einer Schule einwirken. Man hofft über ein Managementkonzept, die informalen Netzwerke, die verdeckten Anreizstrukturen und impliziten Denkschemata so gestalten zu können, dass sie im Sinne der Organisationen wirken. Mit der Veränderung der Formalstruktur sollen nicht nur die „harten Faktoren" geändert werden, sondern auch dazu führen, die „weichen Faktoren" der Organisationskultur in den Griff zu bekommen. Die Herausforderung besteht jedoch darin, dass sich die informalen Strukturen – die Organisationskultur – dem direkten Zugriff des Managements entzieht.

Wie stark Managementmoden von der Schauseite auf die formale Seite und damit auch auf die informale Seite ausstrahlen, ist von Konzept zu Konzept, aber auch von Organisation zu Organisation unterschiedlich. Einige Managementkonzepte sind so detailliert ausgearbeitet, dass es schwierig ist, sie lediglich für eine Darstellung auf der Schauseite zu nutzen. Mit dem Bekenntnis zu einem Managementkonzept kommt es deswegen fast zwangsläufig zu Veränderungen in der formalen Struktur der Organisation, auch wenn in der Informalität häufig davon abgewichen wird. Andere Managementkonzepte sind so abstrakt, dass viele Organisationen diese vorrangig dazu nutzen, um sich auf der Fassade einen modernen Anstrich zu geben, einige setzen sie ein, um tiefe Eingriffe in die Formalstruktur vorzunehmen. Weil diese Managementkonzept viel Interpretationsspielraum lassen, sind die Eingriffe, die unter dem Label eines gerade angesagten Modells stehen, von Organisation zu Organisation häufig sehr unterschiedlich.

2

Jenseits der zweckrationalen Vorstellung von Managementmoden

Beim Einsatz von Managementmoden werden die Gestalter von Organisationsprozessen mit der Aussicht auf eine bessere Zukunft geködert. Es wird ein „schönes Bild" der Organisation gezeichnet, das durch einen Veränderungsprozess erreicht werden könnte. Managementgurus zeichnen mit grobem Strich die Konturen schlanker Unternehmen, agiler Organisationen oder wissensbasierten Systemen und Beratungsfirmen und stellen gegen das entsprechende Entgelt die Farbelemente zur Verfügung, mit denen jede Organisation sich dann auf der Basis der Vorlagen ihr eigenes Bild einer verlockenden Zukunft malen kann (siehe für das Zusammenspiel der Akteure Barley und Kunda 2004).

Letztlich bauen alle Managementmoden auf einer „Ästhetisierung" der Organisationszukünfte auf (einschlägig Neuberger 1994). In diesem Prozess der „Ästhetisierung" wird mit Hilfe von umfassenden Konzeptpapieren, originellen Organigrammdarstellungen oder bunten Netzplänen ein Bild einer möglichen besseren Organisation gezeichnet, das sich von der alltäglich erlebten Realität positiv abhebt. Die durch Managementmoden gezeichneten Bilder einer möglichen Organisation bedienen die Sehnsucht von Managern nach stimmigen und harmonischen Gesamtkunstwerken, ohne sich jedoch dem Vorwurf einer Diskrepanz zwischen der eigenen Realität und diesem Bild auszusetzen. Im Gegenteil: Die Diskrepanz zwischen der realen Dynamik, Vielfältigkeit und Ambiguität der Organisation und des harmonischen und schlüssigen Gesamtbildes, dient zur Rechtfertigung von den durch das Management getriebenen Veränderungsprozessen.

Wie werden diese Managementmoden im Detail gebaut? Was stellt ihren Reiz für Organisationsgestalter dar? Und wo liegen die blinden Flecken bei dieser Sichtweise auf Organisationen?

2.1 Die Versprechungen von Managementmoden

Die Managementkonzepte basieren auf einer Konstruktionsform, die in der Wissenschaft als zweckrationales Organisationsmodell bezeichnet wird. Als Ausgangspunkt wird immer von einem „Urzweck" – die Produktion von Geschirrspülern, die Errichtung von Hotelgebäuden, der Verkauf von legalen (oder auch illegalen) Drogen oder die Durchsetzung strengerer Grenzwerte für Feinstaub – ausgegangen. Ganz gleich, was als „Uzweck" der Organisation angesehen wird – ihre Existenzberechtigung wird nur in dessen Erfüllung gesehen (siehe Kühl 2020b, S. 16). Die Promotoren von Managementkonzepten versprechen über die geeigneten Hebel zu verfügen, um diese „Urzwecke" zu präzisieren, zu modifizieren, zu operationalisieren und anzupassen. Diese Managementkonzepte basieren – bei aller Variation im Detail – auf der gleichen Bauart.

2 Jenseits der zweckrationalen Vorstellung …

Die Dramatisierung gesellschaftlicher Herausforderungen
Zur Rechtfertigung einer neuen Managementmode dient die Darstellung dramatischer gesellschaftlicher Veränderungen. Die Welt werde immer komplexer, die Entwicklungen seien immer schwerer einzuschätzen und die Prognosen basierten auf immer unsichereren Annahmen. Es ist die Rede von einer zunehmenden Verknappung der Rohstoffe, einer wachsenden Gefahr durch terroristische Anschläge und regional begrenzter Kriege, einer Zunahme von Naturkatastrophen, einem drohenden Öko-Kollaps, einer Erhöhung von Staatsverschuldung, einer Verknappung der Ressource Zeit und einer wachsenden sozialen Ungleichheit, die Organisationen vor völlig neue Herausforderungen stellten (siehe beispielhaft Kotter 2014, S. 3 ff.).

Dabei wird anerkannt, dass im klassischen Industriezeitalter das alte Organisationsmodell aus „Vorhersagen und Kontrollieren" gut funktioniert habe. In der Vergangenheit hätten Organisationen „durch Vorausplanung, zentrale Kontrolle und das Vermeiden von Abweichungen von Strategie" sowohl „dauerhafte Stabilität" als auch „wachsende Erfolge" erzielen können. Die Idee hätte darauf basiert, „im Vorhinein das ‚perfekte' System" zu entwickeln, um Spannungen zu vermeiden. Aber in der postindustriellen Welt, so das übliche Argument der Verfechter von Managementmoden, stände man jetzt grundlegend „neuen Herausforderungen" wie „wachsender Komplexität, zunehmender Transparenz, größerer Verbundenheit auf allen Ebenen, kürzeren Zeithorizonten, ökonomischer und ökologischer Instabilität" gegenüber (so beispielhaft Robertson 2016, S. 7; siehe auch Robertson 2015, S. 12 f.).

Die Zeitdiagnosen der Promotoren von Managementmoden sind dadurch gekennzeichnet, dass sie hervorheben, dass es nie so grundlegende gesellschaftliche Veränderungen gegeben hat wie jetzt. Egal ob man eine Managementmode aus den frühen 1920er-Jahren nimmt, aus der Zeit nach dem Zweiten Weltkrieg, aus den durch den Öl-Schock geprägten 1970er-Jahren, den durch das Ende des Kalten Krieges bestimmten 1990er-Jahren, der durch starken Zufluss von Risikokapital dominierten Zeit vor der Jahrhundertwende oder die 2010er-Jahre – immer wird hervorgehoben, dass es nie eine Zeit gegeben hätte, in denen die technischen Umwälzungen, die wirtschaftlichen Herausforderungen und die sozialen Verwerfungen so grundlegend gewesen sind wie jetzt. Auch wenn zugestanden wird, dass es auch früher schon grundlegende Veränderungen gegeben hat, wird immer suggeriert, dass man gerade jetzt in besonders turbulenten Zeiten lebt, die dringend eine Reaktion von Organisationen verlangt. Ein gewisser Alarmismus scheint zwangsläufig zur Präsentationsform von Managementmoden zu gehören.

Die Notwendigkeit revolutionärer Veränderungen
Die klassischen Organisationsmodelle, so die übliche Dramatisierung bei der Propagierung von Managementkonzepten, hätten „nicht die Beweglichkeit, die in dieser Umgebung der schnellen Veränderung und Komplexität" nötig sei, und würden die für die Herausforderung notwendige „Begeisterung und Kreativität der Mitarbeiter" nicht entfachen können. „Die heutigen Organisationen", so der allgemeine Tenor, seien „veraltet" (so beispielhaft Robertson 2016, S. 7; siehe auch Robertson 2015, S. 12 f.). Wer an den veralteten Organisationsprinzipien festhalte – so der monoton wiederholte Tenor der Promotoren von Managementmoden – riskiere die „Strafe des Untergangs".

Gefordert wird nicht weniger als eine revolutionäre Veränderung in der Art und Weise, wie sich Organisationen strukturieren. Managementgurus, Organisationsberater und auch manche Organisationswissenschaftler zögern nicht, von der „Notwendigkeit für eine Revolution" (Peters 1988, S. 3 ff.), einer „echten Revolution" (Crozier 1989, S. 21) oder gar einer „Kulturrevolution" (Landier 1991) zu reden und zu schreiben. An das Management gerichtet, erscheinen „Regieanweisungen für Revolutionäre" (Tichy 1995), „Manifeste für Business Revolutionen" (Hammer und Champy 1993) und „Handbücher für eine Managementrevolution" (Peters 1988). Präsentiert werden Managementmoden als ein „revolutionäres Management-System für eine volatile Welt" (Robertson 2016). Angesichts der Forderung im Managementdiskurs nach einer „permanenten Revolution" wären, so die Feststellung von Beobachtern, Leon Trotzki oder Mao Zedong „grün vor Neid" geworden (Micklethwait und Wooldrige 1996, S. 14).

Weil sich das Wort „Revolution" auch im Management irgendwann abzunutzen drohte, wurde es in vielen Organisationen durch das Wort „Disruption" ersetzt. Unter Disruptionen werden Innovationen verstanden, die innerhalb von kurzer Zeit existierende Produkte, Dienstleistungen oder Technologien verdrängen (Christensen 1998). Aus Angst, solche disruptiven Trends zu verpassen, ernennen Organisationen inzwischen „Chief Disruption Officer", regelmäßig rufen Wirtschaftsmedien die „Disrupter des Jahres" aus, Kongresse bezeichnen sich inzwischen als „Disruption Potential" und gewöhnliche Beratungsfirmen gönnen sich den Zusatz „The Disruption Consultancy".

Sowohl der Begriff der „Revolution" als auch der Begriff der „Disruption" kombiniert die Angst, den vermeintlich dramatischen Herausforderungen nicht gewachsen zu sein, mit einer Lösung – nämlich selbst ein revolutionärer Vorreiter zu werden. Der alte Gedanke des Ökonomen Joseph Schumpeter (1947), einer Notwendigkeit „schöpferischer Zerstörung" als Basis für Fortschritt, wird hier in neuer Fassung als Anforderung an Organisationen formuliert.

Das Lösungsversprechen der klassischen Organisationsprobleme

In Organisationen entstehen aufgrund von Arbeitsteilung zwangsläufig Probleme. Wenn die Mitglieder nicht mehr um einen Küchentisch passen, muss die Arbeit aufgeteilt werden. Es entstehen dadurch in der Organisation Subeinheiten, die sich auf einzelne Aufgaben konzentrieren. Sie bilden zwangsläufig eigene lokale Rationalitäten aus, durch die die Perspektive der Sorgen und Nöte anderer Einheiten immer mehr aus dem Fokus geraten. Abstimmungsschwierigkeiten, Koordinationsprobleme und Machtkämpfe sind das unvermeidliche Resultat der Arbeitsteilung.

Die Erfinder und Promotoren von Managementmoden versprechen, dass sie einen Weg gefunden haben, genau das zu verhindern. Sie wecken die Hoffnung, dass sie ein Modell entwickelt hätten, mit dem Organisationen sich von „Grabenkämpfen, Bürokratie und Konkurrenz", von „Stress", „Burnout" und „Resignation" und „von großspurigen Verhalten an der Spitze und der erschöpfenden Arbeit auf der unteren Ebene" befreien können. Sie versprechen, ein Modell entwickelt zu haben, das „die Arbeit produktiv, erfüllend und sinnvoll macht", dass „beseelte Arbeitsplätze schafft", in denen sich Talente „entfalten können" und „Berufungen wertgeschätzt werden" (so nur beispielhaft Laloux 2015, S. 11).

Es handelt sich dabei um eine Idealisierung der Zukunft bei gleichzeitiger „Schlechtmachung" der Vergangenheit. Veränderungsprojekte, Change-Prozesse und Reformen sind in dieser Form Defizienzbeschreibungen vor dem Hintergrund der Annahme, dass man es besser machen könne. Die Vergangenheit wird negativ dargestellt, damit die Zukunft besser sein kann. Die faktische Realität wird mit kontrafaktischen Idealen aufgepumpt, um die Hoffnung zu nähren, dass sich die Organisation irgendwann einmal in die Richtung dieser Ideale bessern lässt und alle

Mitarbeiter vom „Guten, Wichtigen und Richtigen" überzeugt sind (Bardmann 1997, S. 53).

Diese Diskrepanz zwischen „Ist-Zustand" und „Soll-Zustand" wird in vielen Veränderungsprozessen als ein zentraler Motor eingesetzt. Die Energie entsteht dadurch, dass die Masterpläne, Visionen und Sollzustände attraktiver, einfacher und einleuchtender wirken als die problematische, komplexe und chaotisch wahrgenommene Realität. Es wird suggeriert, dass Organisationen durch den Beratungsprozess zu einer schlüssigeren, konsistenteren und letztlich rationaleren Funktionsweise kommen, von der am Ende auch alle Mitarbeiter profitieren können. Die Veränderungsprojekte sind in ihren guten Absichten nur schwer zu widerlegen, weil der „Härtetest ihrer Vorhaben" noch aussteht (Luhmann 2000, S. 338).

Das Fortschrittsmodell in Managementmoden
Auf dem Weg zu revolutionären Management-Systemen arbeiten die meisten Managementmoden mit einem mehr oder minder simpel aufgebauten Fortschrittsmodell (siehe dazu ausführlich Kühl 2022, S. 72 ff.). Organisationen entwickeln sich in diesen Fortschrittsmodellen weg von einem durch einen alles bestimmenden Boss gekennzeichneten Modell des Rudels, über ein durch Regelhaftigkeit gekennzeichnetes Modell der Armee oder ein vorrangig an Effizienz ausgerichtetes Modell der Organisation, hin zu einer durch eine Kombination aus klassischer Hierarchie und hoher Selbstständigkeit gekennzeichneten Konzeption der Familie, bis sie schließlich zum Inbegriff des aus selbst organisierenden Einheiten bestehenden Netzwerkes werden (siehe zum folgenden Laloux 2015, S. 36 f.).

Solche Modelle von sich permanent zum Besseren evolvierenden Organisationsformen lassen sich problemlos mit der Entwicklung von Führungsrollen kombinieren. Auf die Vorstellung des Big Boss mit strikter Hierarchie folge, so die Erzählung, die Idee der Kombination der klassischen Top-down-Führung mit geteilter Führung. Nach der Ausbildung der geteilten Organisationslenkung komme dann das Prinzip der demokratischen Führung, nach dem Mitarbeiter ihre Chefs selbst wählten, um in der durch absolute Gleichheit aller Mitglieder gekennzeichneten führerlosen Organisation zu enden (so Bruch und Berger 2016).

Manchmal werden die Entwicklungsstufen zusätzlich mit Farben hinterlegt, um die Verortung noch einfacher zu gestalten. Auf eine durch impulsiven Führungsstil geprägte magentafarbene Organisation würde ein durch formale Führung dominiertes bernsteingelbes System folgen, welches durch ein leistungsorientiert geprägtes oranges Gefüge abgelöst werden würde. Auf dieses folge dann eine durch Partizipation gekennzeichnete grüne Organisation, die in der Endstufe in eine durch ganz neue Formen der Zusammenarbeit geprägte blau-grün schimmernde Unternehmung münden würde (ganz besonders farbig ist dies bei Laloux 2014).

Von Beratern werden solche Fortschrittsuggestionen von Managementkonzepten in Reifegradmodellen operationalisiert (siehe für Führung früh Hersey und Blanchard 1969). Unter Labels wie „People Capability Maturity Model", „Organisational Project Management Maturity Model" oder „Quality Management Maturity Grid" werden Instrumente entwickelt, mit denen der Eindruck vermittelt wird, als ob sich Organisationen „objektiv" danach beurteilen ließen, welchen „Reifegrad" sie in einer Dimension erreicht hätten (für einen Überblick siehe Wendler 2012). Auf der Basis umfangreicher „Assessments" lassen sich dann „Road Maps" aufstellen, mit denen Organisationen den nächsten „Level" erreichen sollen. Organisationen wird dabei der Eindruck eines Defizits vermittelt, gleichzeitig aber aufgezeigt, wie sie dieses reduzieren können. Auch wenn die Einstufung in einen Reifegrad hochgradig konstruiert ist, wird in den Organisationen allein durch den Vergleich mit vermeintlich „reiferen" Organisationen ein Handlungsdruck produziert.

Die mehr oder minder expliziten Fortschrittssuggestionen haben für Managementmoden eine wichtige Funktion. Jede Managementmode droht, ein Versagen des Managements zu signalisieren. Schließlich haben diese das in der Managementmode propagierte Prinzip noch nicht eingeführt und damit ihre Organisation einem Risiko ausgesetzt. Durch die Darstellung des Prinzips als nächste Stufe in einem Fortschrittsmodell werden die Manager jedoch beruhigt; so handelt es sich bei der Adaption der Managementmode doch lediglich um das Nehmen der nächsten Stufe in der Entwicklung einer Organisation zu etwas (noch) Besserem.

Die Herausstellung des Nutzens – für das Individuum und für die Gesellschaft
Soziale Prozesse sind in der Regel dadurch gekennzeichnet, dass das, was einer Gruppe nutzt, einer anderen Gruppe schadet. Wenn die Gehälter gekürzt werden, geht dies auf Kosten der Arbeitnehmer, für die Arbeitgeber hat dies jedoch wegen der Kostenersparnis Vorzüge. Wenn Automobilkonzerne erfolgreich durchsetzen, dass die Grenzwerte für Stickoxide hochgesetzt werden, hat dies für sie Vorteile, weil sie Kosten für die Abgasreinigung sparen – für die Stadtbewohner bringt dies jedoch gesundheitliche Nachteile in Form von vermehrtem Vorkommen von Asthma, Schlaganfällen oder Herzinfarkten mit sich. Viele Vorteile kann man nur deswegen erzielen, weil man die Nachteile externalisiert – also auf andere abwälzt (siehe dazu beispielhaft Lessenich 2016). In der Spieltheorie wird dies als Nullsummenspiel bezeichnet. Der Gewinn des einen kann nur durch den Verlust eines anderen erzielt werden.

Im Gegensatz zu der Auffassung, dass der Nutzen der einen der Schaden der anderen ist, versprechen Managementmoden, dass mit ihrer Hilfe diese Nullsummenspiele unterbrochen werden können. Von der Umsetzung ihres zentralen Prinzips in Organisationen würden, so das Versprechen, letztlich alle profitieren. Die Mitarbeiter würden glücklicher werden, die Organisationen effizienter, die Kunden wegen einer besseren Qualität der Produkte zufriedener. Die Kommunen wären Nutznießer der innovativeren Organisationen, die Umwelt würde weniger belastet werden und die Welt insgesamt eine Bessere werden. In der Spieltheorie wird dies als Win-win-Situation bezeichnet. Der Gewinn der einen stellt auch einen Gewinn für andere dar (siehe dazu ausführlich Kühl 2022, S. 250).

Bei den Managementmoden wird diese Vorstellung einer Win-win-Situation besonders dadurch deutlich, dass die Glücksversprechen sich nicht nur auf die Mesoebene der Organisation beziehen, sondern auch auf die Mikroebene jedes einzelnen Individuums. Es ginge bei dem Konzept, so das Versprechen, nicht mehr nur um die Steigerung der Effektivität, Effizienz und Innovation in einer Organisation, sondern auch darum, dem einzelnen Menschen Wachstumspotenziale zu ermöglichen.

Aber auch die Gesellschaft insgesamt hätte, so das wiederholte Versprechen, von einer Managementmode einen grundlegenden Nutzen. Unternehmen mit einer klassischen Organisationsform wären, so die übliche Präsentation einer Managementmode, durch eine „ungesunde Autonomie" geprägt und würden ihre „Verantwortung gegenüber der breiteren Welt" ignorieren. Ihre Managementkonzepte hätten jedoch das Potenzial, „ohne irgendwelche chaotischen Revolutionen" unsere klassische Vorstellung von nationalen Regierungen in eine neue Art von „weltweit integrativer Machtstruktur zu transzendieren". Es würde eine „neue Art von integriertem Nervensystem und Entscheidungsfindungs-Nexus für die Welt" entstehen (so typisch Robertson 2016, S. 4, 16, 19). Am Ende stünde, so mehr oder minder explizit das Versprechen jedes Managementkonzepts, eine bessere Welt – mit mehr Wohlstand, weniger Umweltverschmutzung und weniger Konflikten.

> **Die „Heilung" der Welt**
>
> **Das Beispiel einer typischen Rettungsfantasie einer Managementmode**
> Nachdem das Konzept der lernenden Organisation lange Zeit als der populärste Weg zur Umsetzung von Veränderungsprojekten in Organisationen galt, propagierten Organisationsentwickler und systemische Berater eine Zeit lang die Theorie U von Otto Scharmer. Bei der Theorie U handelte es sich um ein Phasenmodell, mit dem ein von allen Beteiligten gewünschter Zustand erreicht werden sollte. Die erste Phase, die Phase des „Downloadens", so Scharmer, beginne am oberen linken Ende eines imaginierten „U". Dann schließt sich – die linke Seite des „U" hinuntergehend – die Phase des „Hinschauens" an, in der die „mitgebrachten Urteile" losgelassen und ein frischer Blick auf die „Realität" geworfen werden solle. Es gehe, so Scharmer, in dieser Phase um die „Öffnung des Denkens". Dann folge die Phase des „Hineinspürens", in der sich alle mit dem „Feld verbinden, eintauchen und die Situation aus dem Ganzen heraus betrachten" sollten und so eine „Öffnung des Fühlens" erreicht werden sollte. Es folge die Phase mit dem Ziel der „Öffnung des Willens", die Phasen des „Loslassens" und des „Kommenlassens", in denen man sich mit der „inneren Quelle" verbinden solle. Bildlich unten im „U" angekommen, sollten sich jetzt alle Beteiligten an dem „inneren Ort der Stille" in einem Prozess des sogenannten „Presencings" fragen, wer man ist und worin die eigene Aufgabe besteht. Durch eine erneute „Öffnung des Fühlens" sollen danach in einer Phase des „Verdichtens" die Visionen, die aus diesem „tieferen Quellort" entstanden sind, kristallisiert werden. Danach solle durch eine erneute „Öffnung des Denkens" die „Zukunft durch praktisches Tun gemeinsam erkundet und entwickelt werden". In der letzten Phase des „Performings"

soll das „Neue" durch eine Veränderung der Alltagspraktiken „in Form" gebracht werden (Scharmer 2009a, S. 62 f.).

Für eine Managementmode braucht es als Ausgangspunkt die Diagnose einer dramatischen Krise – so ist es auch bei der Theorie U. Die aktuelle Krise, so der Tenor bei Scharmer, sei nicht einfach die Krise einer einzelnen Führungskraft oder einer einzelnen Organisation oder eines bestimmten Landes – es sei die Krise der Gesellschaft als Ganzes. „Während der Druck um uns herum zu- und die Freiheitsgrade abnehmen", multiplizierten sich die unbeabsichtigten Nebenwirkungen und Konsequenzen unseres Handelns. Trotz einer „florierenden globalen Wirtschaft" würden „drei Milliarden Menschen in Armut leben". Wir würden „Unsummen Geld für Gesundheitssysteme" ausgeben, die auf der „Symptomebene herumstochern und nicht in der Lage sind, die ursächlichen Gründe für Gesundheit und Krankheit in unserer Gesellschaft anzugehen". Wir „kippen große Mengen Geld in unsere Bildungssysteme, waren aber bislang nicht in der Lage, Schulen und Institutionen für höhere Bildung zu schaffen, die die tief im Menschen veranlagte Fähigkeit zu lernen mobilisieren." (Scharmer 2007, S. 203). Wir lebten, so die dramatische Zuspitzung, auf „einer dünnen Kruste aus Ordnung und Stabilität, die jederzeit auseinanderbrechen kann" (Scharmer 2009a, S. 22).

Als Reaktion auf diese Krise wird die Notwendigkeit „großer Transformationen" verkündet. Es komme, so Scharmer, darauf an, im Rahmen eines „Re-Actings", „Re-Structurings", „Re-Designings", „Re-Framings" und „Re-Generatings" völlig „neue Aktionen" durchzuführen, „neue Strukturen" zu schaffen, „neue Prozesse aufzulegen", ein „neues Denken" zu etablieren und ein „neues Selbst" zu kreieren. Dabei reiche es nicht aus, nur Organisationen oder einzelne Aspekte der Organisation zu verändern. Es gehe gleich um den Anspruch, „das Selbst" der Menschen zu verändern und dadurch auch gleich die „Gesellschaft" als Ganzes auf ein neues Entwicklungsniveau zu heben. Hier findet sich ein Argumentationsweg, der typisch für Managementmoden ist. Ausgangspunkt sind zunächst einmal Veränderungen, die in Organisationen stattfinden müssen, aber der An-

2 Jenseits der zweckrationalen Vorstellung ...

spruch lautet, dass sich mit den Veränderungen in den Organisationen die Gesellschaft als Ganzes zum Besseren wandelt. Die Rede ist von der „Mikro-, Meso-, Makro- und Mundoebene sozialer Systeme", die durch die Theorie U erreicht und verändert werden könnten (Scharmer 2009a, S. 235).

Aber genau an diesem Punkt greift dann die Theorie U – wie fast alle anderen Managementmoden – zu kurz. Soziale Systeme funktionieren auf den verschiedenen Ebenen ganz unterschiedlich (vgl. grundlegend Luhmann 1975). Eine Face-to-Face-Interaktion, die auf der Kommunikation unter Anwesenden basiert, funktioniert ganz anders als ein Markt, in dem Güter und Dienstleistungen zeitversetzt und über große räumliche Distanz gehandelt werden. Eine Familie mit ihrer Orientierung an Intimkommunikation hat ganz andere Logiken als eine Organisation mit ihrer Orientierung an Entscheidungskommunikation oder eine Protestbewegung mit ihrer Orientierung an Wertekommunikation. Und Veränderungen in der Kommunikation eines Teams laufen nach grundlegend anderen Prinzipien ab als Veränderungen in der Gesellschaft.

Dieser Prozess, der in der soziologischen Systemtheorie als „soziale Differenzierung" bezeichnet wird, wird in der Theorie U negiert. Es wird in den Fallbeschreibungen der Personen, die mit der Theorie U arbeiten, deutlich, dass die Theorie U vorrangig zur Klärung der Position einzelner Personen in Teams oder Gruppen dient. Wenn es Otto Scharmer darum geht, zu beschreiben, wie mithilfe der Theorie U organisationelle oder gar gesellschaftliche Veränderungen erreicht werden sollen, bleiben diese Prozesse überraschend blass. Es läuft dann auf so hilflose Vorstellungen hinaus, dass die Gesellschaft darüber verändert werden könne, dass weltweit Menschen seine Online-Kurse zur Theorie U hören und sich dann in realen oder virtuellen Zirkeln treffen, um die Gesellschaft zu verändern. Die Illusion solch weitgehender Veränderungsansprüche mag durch kurzfristige Gemeinschaftserlebnisse bei mehr oder minder virtuellen Zusammenkünften produziert werden – mit einem grundlegenden Verständnis über die Differenzierung moderner Gesellschaften hat dies nichts zu tun.

2.2 Der Charme von Managementmoden

Der Reiz von Managementmoden für Praktiker wird dadurch verstärkt, dass das präsentierte zweckrationale Organisationsmodell mit einer Reihe von attraktiven „Zutaten" angereichert wird. Es wird ein Organisationsprinzip in den Mittelpunkt gestellt, an dem sich das Management orientieren kann. Es werden Methoden präsentiert, mit denen das Konzept in der Praxis umgesetzt werden soll. Der Verweis auf Vorreiterorganisationen dient als Beleg, dass andere Organisationen mit dem Managementkonzept ihre Innovationskraft, Effizienz und Mitarbeiterzufrieden massiv gesteigert haben. Die homöopathisch eingestreuten Verweise auf Theorien dienen dazu, das Managementkonzept als in der Wissenschaft verankert zu präsentieren.

Die Präsentationen eines Erfolgsrezeptes
Die Möglichkeiten von Organisationen, sich über ihre Struktur eine Gestalt zu geben, sind überschaubar. Sie können Entscheidungen eher dezentralisieren, um lokal angepasste Lösungen zu finden, oder zentralisieren, um die Organisation stromlinienförmig auszurichten. Organisationen können Hierarchien abflachen und dabei größere Führungsspannen akzeptieren oder eher mit steilen Hierarchien arbeiten und so eine Ansprechbarkeit der Führungskräfte gewährleisten. Man kann versuchen, Personal langfristig an die Organisation zu binden, um von ihrer Erfahrung und Loyalität zu profitieren, oder eher auf eine hohe Austauschbarkeit des Personals setzen, um eine höhere Personalflexibilität zu erhalten. Mitarbeiter können über genaue Wenn-Dann-Regeln geführt werden, sodass eine hohe Routinisierung der Arbeit erreicht wird, oder über Zielvorgaben, bei denen den Mitarbeitern in einem gewis-

sen Rahmen die Wahl der Mittel überlassen wird. Insgesamt gibt es in Organisationen nicht mehr als ein paar Dutzend Stellschrauben, die in die eine oder andere Richtung gedreht werden können.

Bei einer Managementmode wird lediglich eines dieser bekannten Prinzipien prominent herausgegriffen und alle anderen Gestaltungsprinzipien daraus abgeleitet (siehe dazu Kieser 1996, S. 23). Man denke an die Zerlegung des Arbeitsprozesses in möglichst kleine Pakete als Grundprinzip des Taylorismus (Taylor 1967), die Propagierung des internen Unternehmertums im Konzept des Intrapreneurships (Pinchot 1988), der konsequente Abbau von Puffern im Lean Management (Womack et al. 1990), die Propagierung des weitgehenden Verzichts auf Formalität bei der Organisationskultur (Peters und Waterman 1982), die Ausrichtung an Prozesse im Konzept des Business Process Reengineerings (Hammer und Champy 1993) oder das Ansetzen an der Rolle und nicht der Person in der Holacracy (Robertson 2015).

Dabei wird eine Stellschraube, die sich für eine spezifische Problemstellunge in einzelnen Organisationseinheiten bewährt hat, als Leitprinzip für die ganze Organisation propagiert. Die Idee, bei der Teamarbeit auf einen Vorgesetzten zu verzichten und nur noch einen Sprecher zu wählen, wird im Konzept der demokratischen Unternehmung dann zum Prinzip für die gesamte Organisation hochgejazzt. Der Grundgedanke agiler Programmiermethoden, in dem statt eines über Monate oder Jahre gehenden Planungsprozesses nur noch von Woche zu Woche Ziele für die Softwareentwicklung vereinbart werden, wird im Modell der agilen Organisation dann als Leitidee für die gesamte Organisation ausgegeben. Der Gedanke, die Rollen von Organisationsmitgliedern bis ins kleinste Detail formal zu fixieren, wird an Fließbändern, in Callcentern und bei Lieferdiensten erfolgreich erprobt, in hyperformalisierten Managementkonzepten dann zum Grundprinzip für die gesamte Organisation erhoben.

Die Entwicklung von passenden Methoden für eine Managementmode

Managementkonzepte werden mit einer Vielzahl von Managementmethoden angereichert. Lean Management wird mit Methoden wie Six-Sigma, Kaizen, dem Ishikawa-Diagramm, der Shainin-Methode zur Problemformulierung, dem Value Stream Mapping, der Plan Do Check Act Methode oder der Darstellung auf Flow Boards unterlegt. Das Konzept der agilen Organisation wird mit Methoden wie User Stories, Story Mapping, Prototyping, Minimum Viable Product, Customer Journey, Timeboxing, Sprints, Kanban, Backlog, Daily Stand-up und Retrospektiven untermauert.

Die Funktion von Methoden ist, den Eindruck zu vermitteln, dass ein Managementkonzept umsetzbar ist. Die Managementmoden heben ein Organisationsprinzip hervor und bestehen sonst häufig auf wolkigen Wertformulierungen, die ohne Beiwerk den Praktiker ratlos zurücklassen würden. Das Versprechen von mehr Agilität, höherer Resilienz, größerer Responsivität, radikaler Verschlankung oder verstärkter Prozessorientierung klingt gut, lässt aber offen, wie diese umgesetzt werden können. In Kontrast dazu sind Managementmethoden greifbarer. Sie können in wenigen Tagen geschult und in Workshops in Anwendung gebracht werden.

Die Zahl von Managementmethoden ist nicht mehr zu übersehen: Design-Thinking, Projektstrukturplanung, Netzplantechnik, Moderationsmethode, Stakeholder-Analyse, Meilensteintrend, Retrospektive, Scrum-Methode, Six Sigma, Kanban, „Programm Evaluation & Review

Technique", "Portfolio-Management", "Stakeholder-Management", "Intrapreneurship", "Managerial Grid", "Benchmarking", "360-Grad-Feedback", "One-Minute-Management", "Brainstorming", "Moderationsmethode", "Management-by-walking-around", "Zero Base Budgeting", "Just-in-Time", "Qualitätszirkel" (siehe für eine solche Liste Glaser 1997). Es hat sich inzwischen ein eigenes Buch-Genre ausgebildet, das nur darin besteht, die Methoden in immer wieder neuen Formen zu sortieren und aufzubereiten.

Bei Managementmoden wird auf bekannte Managementmethoden zurückgegriffen und nur vereinzelt neuartige Methoden entwickelt. Die Promotoren von Managementmoden bedienen sich im Repertoire des bekannten Werkzeugkastens und passen die Werkzeuge lediglich für ihre Zwecke an. Bekannte Werkzeuge werden mit einigen neuen Features ausgestattet, sodass es einen Wiedererkennungswert gibt und gleichzeitig nicht das Gefühl ausgelöst wird, dass es sich lediglich um die Wiederauflage des Altbekannten handelt.

„Toolismus" als Ausdruck von Hilflosigkeit

Wie agile Arbeitsformen in Ministerien eingeführt werden
Es gibt gute Gründe, Ministerinnen und Ministern hohe Autonomie in Bezug auf ihre Ressorts einzuräumen. Ihre Mitarbeiterinnen und Mitarbeiter haben die nötigen Fachexpertisen in einem Thema, um Gesetze umzusetzen oder Fördervorhaben aufzusetzen. Die Verantwortung kann bei den jeweiligen Ministerinnen und Ministern verortet werden, weil sie nicht von einem Präsidialamt oder einem Kanzleramt vorgegeben, sondern von den Ministerien selbst vorangetrieben werden.
Effekt ist dabei nicht nur eine hohe Autonomie bei der Gestaltung der Politik des einzelnen Fachressorts, sondern

auch bei der Organisation des eigenen Ressorts. Jedes Ministerium kann über ihre Zentralabteilungen selbst definieren, wie ihre Akten aussehen sollen, wie an Gesetzesvorlagen gearbeitet wird, wie Personaleinstellungen dokumentiert werden, Personalbeurteilungen vorgenommen werden und Rechnungen beglichen werden sollen. Jedes Ministerium verfügt über eigene Stellen und Budgets, mit denen diese Verfahren an die spezifischen Anforderungen des jeweiligen Ministeriums angepasst werden können.

Die zunehmenden Möglichkeiten der Digitalisierung zeigen aber immer stärker die Nachteile der Autonomie von Ministerien bei der Gestaltung ihrer Verwaltungsabläufe auf. Die elektronischen Akten sind zwischen den Ministerien nicht kompatibel und müssen mühsam konvertiert werden. Die ressortübergreifende Zusammenarbeit an Gesetzesvorlagen wird erschwert, weil jedes Ministerium eigene Verfahren des gemeinsamen Arbeitens an einem Dokument nutzt. Der Wechsel des Personals zwischen Ministerien wird erschwert, weil Personalakten nicht digital zwischen den Häusern ausgetauscht werden.

Es werden deswegen Koordinationsgremien aufgesetzt, die auf der Ebene der Staatssekretäre, auf der Ebene der Leitungen der Zentralabteilungen und auf der Arbeitsebene der Referatsleitungen sich um eine Standardisierung zwischen den Ministerien bemühen. Die Effekte sind aber begrenzt, weil die Zentralabteilungen der einzelnen Ministerien die Autonomie bei der Gestaltung ihrer Verfahren und die Verfügbarkeit über ein eigenes Budget nicht aufgeben wollen. In den Koordinationsgremien werden deswegen Vereinbarungen getroffen, die regelmäßig in der konkreten Umsetzbarkeit versanden. Faktisch wagt sich niemand an die Ressorthoheit bei den Verwaltungsverfahren heran, weil man damit in der Öffentlichkeit politisch keinen Blumentopf gewinnen kann, gleichzeitig aber die Chance, am Widerstand aus den einzelnen Ministerien zu scheitern, erheblich ist.

Dies führt nicht zuletzt für Mitarbeiterinnen und Mitarbeiter, die in den einzelnen Ministerien agilere Arbeitsformen durchsetzen sollen, zu Frustrationen. Zwar trifft man sich ressortübergreifend mit Kolleginnen und Kollegen aus anderen Ministerien, an die relevanten Themen – Etablierung gemeinsamer ressortübergreifender technischer

Standards, Nutzung gemeinsamer Server durch die Ministerien oder Aufweichung der seit Jahrzehnten etablierten Aufteilung der Ministerien in Referaten – kommen sie nicht heran.

Die Mitarbeiterinnen und Mitarbeiter ziehen sich darauf zurück, den Einsatz agiler Tools in den Ministerien zu propagieren. Es werden Workshops zum Design Thinking durchgeführt, einzelne Referate in ihrer Arbeit durch Retrospektiven unterstützt, Canvas wird als Tool in Abteilungen eingeführt und Projektgruppen in der Durchführung von Sprints geschult. Die Hoffnung ist, dass es durch diese Maßnahmen „bottom up" gelingen kann, das Arbeiten in den Ministerien zu verändern. Aber faktisch handelt es sich um symbolische Aktionen, die es den Ministerien ermöglichen, sich einen agilen Anstrich zu geben, ohne dass sich an den Arbeitsformen grundlegend etwas ändert. Ein agiler „Toolismus" kaschiert so die Unfähigkeit, die strukturellen Blockaden in der Ministerialverwaltung aufzuheben.

Die Lobpreisung von Vorreiterorganisationen

Die Verkündigung eines Erfolgsprinzips und die Vorstellung von Managementkonzepten allein reicht nicht aus. Es braucht die Versicherung, dass die Erfolgsprinzipien auch funktionieren. Für die Etablierung einer Managementmode ist es deswegen zentral, dass sie durch Organisationen illustriert wird, die durch das Prinzip erfolgreich geworden sind (siehe für eine frühe Liste Whyte 1951, S. 08 f.). Es muss so erscheinen, als ob „reale Manager" mit dieser Mode „reale Probleme" in „realen Organisationen" gelöst haben (Clark und Greatbatch 2016, S. 413). Eine zentrale Rolle spielen bei Managementmoden die Präsentation von Vorreiterorganisationen, mit denen die Anwendung von Managementprinzipien illustriert werden kann (Miller et al. 2004, S. 14).

Dabei gibt es zwei unterschiedliche Varianten: In der einen Variante werden als fortschrittlich geltende Organisationen herangezogen und dann die eigenen Rezepte als Ergebnis einer Analyse dieser Organisationen dargestellt (siehe dafür zum Beispiel Peters und Waterman 1982; Collins 2001b; Laloux 2014). In der anderen Variante wird eine Sammlung von Erfolgsrezepten präsentiert und dann am Beispiel von Organisationen, die beim Einsatz dieser Methoden erfolgreich gewesen sind, illustriert (siehe dafür zum Beispiel Womack et al. 1990; Hammer und Champy 1993; Robertson 2015).

> **Die simpelste Methode zur Produktion einer Vorreiterorganisation – die eigene Organisation als Vorbild**
>
> Die einfachste Form, eine Vorreiterorganisation zu identifizieren, ist, wenn Berater ihr eigenes Unternehmen als Vorreiterorganisation präsentieren (zu dem Phänomen siehe Kühl 2015b, S. 208 f.). Dabei wird die Anwendung der Methode nicht nur an der eigenen Beratungsfirma illustriert, sondern auch die eigenen Erfolge mit der Anwendung der Methode begründet. Beim Business Process Engineering preisen Beratungsunternehmen Methoden damit an, dass sie selbst ihre Effizienz durch die Anwendung der Methode verdreifacht hätten. Beim Lean Management treten Beratungsfirmen mit der Behauptung an, dass die Verschlankung in der eigenen Firma zu einer starken Kostenreduktion geführt hätte.
>
> In den Listen von Vorreiterorganisationen fällt dann der hohe Anteil von kleinen Beratungsfirmen mit einer Handvoll Mitarbeitern auf, die nicht selten als einziges Produkt die Einführung eines gerade angesagten Organisationsmodells vertreten. In den Managementbüchern, in denen ein Managementkonzept als Modell für das 21. Jahrhundert angepriesen wird, erscheinen trotz des Anspruches, nur die Erfahrung großer Organisationen ins Blickfeld zu nehmen, Kleinstorganisationen von Beratern als Vorbild für die Organisation der Zukunft (siehe besonders auffällig bei Laloux 2014, S. 122, 129, 182, 217, 257 f., 267 und 304).

2 Jenseits der zweckrationalen Vorstellung ...

> Aber dieser Verweis von Beratern auf die eigenen positiven Erfahrungen mit der Anwendung einer Methode, die sie selbst vertreiben, reicht als Beleg für eine Managementmode in den meisten Fällen nicht aus. Deswegen wird von den Verfechtern von Managementkonzepten Wert daraufgelegt, jenseits ihrer eigenen Beratungsfirma Organisationen zu identifizieren, die das von ihnen propagierte Konzept erfolgreich eingesetzt haben und sich für eine Präsentation als Vorreiterorganisation eignen.

Häufig erfährt man dabei nicht, auf welcher Basis die Darstellung der Vorreiterorganisationen beruht. Man weiß nicht, wie viele Gespräche in der Organisation geführt wurden, welche teilnehmenden Beobachtungen durchgeführt wurden und wie die Unterlagen der Organisation ausgewertet wurden. Stattdessen dominiert ein mehr oder minder gut gemachtes „Storytelling" (siehe dazu March 2016, S. 56 f.). Die Vorreiterorganisationen werden in einer möglichst illustrativen Sprache präsentiert, die Darstellungen sind durch den Kampf mit dramatischen Krisen geprägt und am Ende steht immer ein beeindruckendes Happy End. Zentral bei dem „Storytelling" ist, dass die Geschichte des Erfolgs in einer Organisation personalisiert wird (siehe zu den folgenden Beispielen Kieser 1997b, S. 58). Die Rede ist von der Entdeckung des Lean Management beim Autohersteller Toyota, durch den späteren Vorstandschef Eiji Toyoda und sein „Produktionsgenie" Taiichi Ohno (Womack et al. 1990, S. 51). Von Percy Barneviks Vision einer konsequent dezentralisierten Organisationsform, die der Vorstandsvorsitzende des Automatisierungs- und Energieunternehmens ABB entwickelt hat (Peters 1992, S. 45), oder von Tony Hsieh, der mit seiner Hyperformalisierung sein Unternehmen Zappos zu neuen Ufern geführt haben soll (Robertson 2015, S. 18 f.).

Bei den Geschichten über die Vorreiterorganisationen wird eine einfache Kausalbeziehung zwischen dem vermeintlichen Erfolg einer Organisation und einem Managementprinzip hergestellt (siehe dazu March 2016, S. 54 ff.). Die Effizienzsteigerungen, die Innovationskraft oder die Mitarbeiterzufriedenheit werden in einer starken Simplifizierung mit der Anwendung eines Managementprinzips erklärt. Dass auch ganz andere Faktoren – allgemeiner wirtschaftlicher Aufschwung, Wechsel im Management oder auch nur ein glücklicher Zufall – zum Erfolg der Organisation beigetragen haben könnten, wird ausgeblendet (siehe dazu Huczynski 2006, S. 232).

Die Geschichten über Vorreiterorganisationen verbreiten sich dann über ein simples Copy and Paste. In einem Managementbestseller wird eine Organisation, die von den Autoren im besten Fall durch einen kurzen Besuch und einigen wenigen Gesprächen kennengelernt wurde, als ein Beispiel für ein propagiertes Managementprinzip gepriesen. Dann setzt ein Prozess der weitgehend ungeprüften Übernahme des Beispiels dieser Vorreiterorganisation ein. Berater, die auf eine Modewelle aufspringen, präsentieren die in einem Managementbestseller behandelte Organisation als Vorbild, häufig ohne, dass sie diese selbst aus einer eigenen Analyse kennen. Manager, die versuchen, eine Managementmode in ihrer eigenen Organisation zu nutzen, stellen die im Managementbestseller behandelte Organisation als Vorbild dar, obwohl sie lediglich die Schauseite der Organisation durch eine maximal eintägige Firmenbesichtigung kennengelernt haben.

In dem Prozess der Weitererzählung einer Geschichte verfestigt sich das Bild der Organisation als Vorreiter für ein Managementprinzip. Wenn eine Geschichte so häufig erzählt wird, so der Tenor, kann sie nicht falsch sein. Der Effekt ist, dass Literatur über diese Vorreiterorganisationen über Jahre – manchmal auch über Jahrzehnte – durch die

Managementdiskussionen geistern, obwohl sie häufig kaum noch etwas mit der Organisation zu tun hat, die ursprünglich einmal in dem Managementbestseller gepriesen wurde.

> **Die Hinterbühne einer Vorreiterorganisation für selbstorganisierte Teams**
>
> Kaum ein Thema ist in der Managementliteratur so intensiv und umfassend behandelt worden wie das der selbstorganisierten Teams. Die Funktionsweise von selbstorganisierten Teams ist inzwischen nicht nur für die Schlüsselindustrien der Automobil-, Maschinenbau-, Elektronik- und Chemiebranche beschrieben worden, sondern auch für Unternehmen aus der Software-Entwicklung und dem Dienstleistungsbereich, für Organisationen der öffentlichen Verwaltung, für Serviceleister in der Pflege und für Krankenhäuser. Die Managementliteratur ist voll von Aneinanderreihungen von Erfolgsgeschichten von Unternehmen, die selbstorganisierte Teams eingeführt haben.
>
> Ein bekannter mittelständischer Zulieferer der Automobilindustrie – nennen wir ihn hier Ladra – führt unter dem Label der teilautonomen Gruppenarbeit sich selbstorganisierende Teams ein (siehe ausführlich dazu Kühl 2015b, S. 153 ff.). Die Selbstbeschreibung des an der Einführung beteiligten Managements sowie die Berichte der Begleitforscher, lesen sich als wirtschaftliche Erfolgsgeschichten. Bei Ladra werden die Effekte der Gruppenarbeit mit Stichworten wie „höhere Wirtschaftlichkeit, geringere Gemeinkosten", „signifikante Ersparnis bei Gemeinkosten", „deutliche Qualitätsverbesserung und Kosteneinsparung" und „Verbesserung der internationalen Wettbewerbsfähigkeit durch kostengünstigere Organisation" beschrieben. Es wurde festgestellt, dass sich der Umsatz pro Arbeitsstunde in sechs Jahren um 50 % gesteigert hat. Deswegen wird dieses Unternehmen in der Managementliteratur als eine Vorzeigorganisation für selbstorganisierte Teamarbeit gefeiert.
>
> Die hohe Aufmerksamkeit, die dem Unternehmen in der Managementliteratur zuteil wurde, bedeutete für das Management deutlich verbesserte Karrierechancen. Der Personalleiter von Ladra wechselte als einer der Vorreiter für die Einführung von selbstorganisierten Teams in eine an-

dere Firma. Der Personalleiter des Gesamtkonzerns, der die Einführung der neuen Unternehmensformen begleitete, machte sich mit dem Thema Selbstorganisation als Unternehmensberater selbstständig und akquirierte seine ersten Aufträge mit dem Verweis auf den Erfolg seiner früheren Firma.

Hätte man jedoch auf die Hinterbühne des Unternehmens geschaut, wäre jedem Beobachter schnell deutlich geworden, dass die selbstorganisierten Teams nach der Einführung nur noch auf der Schauseite existierten. Die eingeführten kunden- bzw. produktbezogenen Fertigungsinseln wurden schnell wieder aufgelöst und die klassischen verfahrensorientierten Abteilungen wiedereingeführt. Die indirekten Aufgaben wie Personalplanung, Auftragsfeinsteuerung, Wartung und Qualitätssicherung, die ursprünglich in die Kompetenz der Inseln übertragen worden waren, wurden wieder in Zentralbereichen zusammengefasst. Den Gruppensprechern wurden wieder hierarchische Weisungsbefugnisse zugesprochen. Sie wurden, wie es der Geschäftsführer ausdrückt, „wieder ein bisschen" zu Abteilungsleitern oder Schichtleitern. Das ganze Unternehmen, so der Geschäftsführer in einem vertraulichen Gespräch, befinde sich auf einem Weg „zurück in die Zukunft".

Aber es wäre vorschnell, diese Gruppenarbeitsprojekte als gescheitert zu bezeichnen, nur weil die selbstorganisierten Teams lediglich auf der Schauseite existieren. Allein die Präsentation als Vorreiterunternehmen für Gruppenarbeit hatte positive Effekte. Erstens gelang es der Geschäftsführung, sich durch das Gruppenarbeitsprojekt wichtigen Spielraum zu verschaffen. Mit der Ankopplung an die aktuellen dezentralen Produktionskonzepte gelang es den Geschäftsführern, die Holdings davon zu überzeugen, nochmals erhebliche Investitionen in die defizitären Unternehmen zu stecken. Zweitens zeigte sich, dass die Einführung der Gruppenarbeit ein zusätzliches Verkaufsargument darstellte und zu einer Verbesserung der Absatzchancen im Kernmarkt Automobilindustrie führte.

Die Suggestion von Wissenschaftlichkeit
Auf den ersten Blick müsste man davon ausgehen, dass wissenschaftliche Legitimation für eine Managementmode nicht nötig ist. Als Legitimation für eine Managementmode müsste ausreichen, dass die Promotoren auf die Zweckdienlichkeit und Praktikabilität der Lösungen verweisen, die die Managementmoden für grundlegende Probleme in Organisationen liefern. Letztlich dominiert bei der Verankerung von Managementmoden in Organisationen die Frage, ob sie nützlich oder nicht nützlich sind (Nicolai und Simon 2001, S. 503).

In der Wissenschaft steht dagegen die Frage im Mittelpunkt, ob eine Erkenntnis wahr oder falsch ist. Die Frage, ob eine wissenschaftliche Erkenntnis auch außerhalb der Wissenschaft nützt, ist zweitrangig. Wissenschaftler adressieren mit ihren Forschungen – jedenfalls in ausdifferenzierten Wissenschaften – andere Wissenschaftler. Insofern ist das Vorurteil von Praktikern, dass Wissenschaftler sich keine Mühe geben, ihre Erkenntnis „verständlich" darzustellen, berechtigt. Demzufolge könnte der Verweis darauf, dass eine Managementmode im wissenschaftlichen Elfenbeinturm erdacht wurde, bei Praktikern Misstrauen auslösen und Zweifel an der Praktikabilität wecken.

Auf den zweiten Blick fällt jedoch auf, dass Promotoren einer Reihe von Managementmoden Wert darauf legen, dass diese durch die Wissenschaft abgesichert sind (siehe dazu Kieser 1997b, S. 58). Es wird herausgestellt, dass die Erfinder einer Mode an einer renommierten Hochschule beheimatet sind. Besonders US-amerikanische Hochschulen haben einen eigenen Geschäftszweig entwickelt, in dem Praktiker mit Professoren-Titeln ausgestattet werden, das Ansehen der Hochschule in finanziell lukrative Ausbildungen für Manager umzuwandeln, die mit wissenschaftlichen Ansprüchen der Hochschule bestenfalls nur noch lose gekoppelt sind (siehe als Prototyp dieser Strategie z. B. des MITs Senge 1990 oder Scharmer 2009b).

Die Managementbestseller werden mit Verweisen auf große Denker und große Wissenschaft verziert. Zur Rechtfertigung der eigenen Vorgehensweise wird darauf verwiesen, dass eine „große Anzahl von Forschern – darunter Psychologen, Philosophen und Anthropologen – die Reise des menschlichen Bewusstseins genau untersucht hätten" und damit die Grundlagen für die entwickelte Konzeption für eigene evolutionäre Organisationen entwickelt hätten (Laloux 2015, S. 6; siehe auch Laloux 2014, S. 5).

Ein Grund für die Wissenschaftsfixierung bei vielen Managementmoden könnte in der Statusangst von Managern und Beratern liegen (so jedenfalls der Verdacht von Huczynski 2006). Während die Ausbildung von etablierten Professionen wie Mediziner, Jurist oder Theologe wissenschaftlich fundiert ist und zum überwiegenden Teil an Universitäten stattfindet, hat die Ausbildung von Managern und Beratern kein vergleichbares, wissenschaftliches Fundament. Diese wahrgenommene Statusdifferenz zu etablierten Professionen kann dazu führen, dass Manager und Berater gegenüber wissenschaftlichen Begründungen von Managementmoden besonders empfänglich sind.

Die wissenschaftliche Kompetenzdarstellung der systemischen Beratung

Es gehört zur Selbstverständlichkeit, sich als „systemisch" verstehender Berater und Manager auf die soziologische Systemtheorie zu berufen. Auf systemischen Fortbildungen werden regelmäßig Bilder von Bäumen ans Flipchart gemalt, auf dem die soziologische Systemtheorie als zentrale Wurzel des systemischen Managements und der systemischen Beratung dargestellt wird. Und fast jeder Text eines Systemikers ist mit Zitaten bekannter soziologischer Systemtheoretiker garniert, um die eigene Vorgehensweise wissenschaftlich zu begründen oder auch nur zu legitimieren.

Aber das, was im Moment als systemisches Management, als systemische Beratung oder als systemisches Coaching angeboten wird, ist mit der soziologischen Systemtheorie nur sehr lose gekoppelt (siehe ausführlich dazu Kühl 2009). In vielen Fällen haben die Publikationen, die unter dem Label „systemisch" den Anspruch erheben, systemtheoretisch informierte Handreichungen zu liefern, mit der systemtheoretischen Soziologie so viel zu tun wie ein James-Bond-Film mit der faktischen Arbeit von Geheimdiensten. Die für die systemische Beratung und das systemische Management vereinfachten systemtheoretischen Überlegungen wirken alle griffiger, eingängiger und praktischer als die für den wissenschaftlichen Diskurs geschriebenen systemtheoretischen Urtexte – jedoch um den Preis inhaltlicher Verzerrungen.

Man mag als selbst in der wissenschaftlichen Theorie verankerter Purist darüber klagen, aber der Effekt ist bis zu einem gewissen Grade unvermeidlich. Die „Trivialisierung" soziologischer Forschungsergebnisse als notwendige Voraussetzung für das „Praktischwerden" einer wissenschaftlichen Disziplin beschreibt das Dilemma. Die Soziologie unterliegt als Wissenschaft eben ganz anderen Regeln und Rationalitäten als die Praxisfelder außerhalb der Wissenschaft, in denen soziologisches Wissen zur Anwendung kommen kann. Aus diesem Grund kann Wissen eben nicht einfach aus der Wissenschaft in die Praxis überführt werden, sondern es muss ein Reinterpretationsprozess stattfinden, mit dessen Hilfe den wissenschaftlichen Erkenntnissen so ihre Schärfe genommen wird, dass sie für die Praxis geeignet sind.

Wenn man als Berater oder Manager Rücksicht auf das zu beschreibende System nehmen muss, sind „radikale Entfremdungen" zwischen der „Beschreibung und dem Beschriebenen" ausgeschlossen. Berater und Manager sind gezwungen, sich im Großen und Ganzen die positiven Selbsteinschätzungen des Systems „in semantisch elaborierter Form" zu eigen zu machen (Kieserling 2000, S. 39 ff.). Sie können auf die Frage nach dem Sinn einer von ihnen beratenen oder gemanagten Organisation nicht einfach eine negative Antwort oder gar keine geben, sondern müssen sich positiv auf das System beziehen. Sie sind in diesem Sinne

> affirmative Serviceleister der sie bezahlenden Organisationen (vgl. Kühl 2003, S. 10 ff.).
> Aber die über das „Systemische" in die Gesellschaft getragene Systemtheorie ist inzwischen Opfer ihres eigenen Erfolges geworden. Inzwischen wird alles mit dem Begriff des „Systemischen" geschmückt und mit Referenzen auf die soziologische Systemtheorie ausgestattet. Es gibt „systemisches Gesundheitscoaching", „systemische Supervision", „systemisches Mentoring", „systemische Burn-Out-Prophylaxe", „systemisches In- und Outsourcing", „systemische Schulpädagogik", „systemisches Sozialmanagement", „systemisches Innovationsmanagement", „systemische Personalentwicklung", „systemische Hundeerziehung", „systemische Heimerziehung" und „systemisches Führen mit Pferden". Es scheint keine Expansionsgrenzen für das Adjektiv „systemisch" mehr zu geben, die Durchsetzung der Substantivformen „Systemik" oder „Systemiker" ist nur noch eine Frage der Zeit. Und es ist nicht ausgeschlossen, dass es bald das Verb „systemiken" oder „systemisieren" geben wird.

2.3 Zu den Grenzen eines zweckrationalen Zugangs

Das in Managementmoden propagierte Organisationsverständnis ist aufgrund ihrer simplen, zweckrationalen Bauart für Manager und Berater attraktiv. Sie hat aber ein grundlegendes Problem: Organisationen funktionieren nicht nach solchen zweckrationalen Planungsvorstellungen. Dies erkennt man an einer Vielzahl von Dilemmata, Widersprüchen und Paradoxien, denen man sich in Organisationen gegenübersieht. Organisationen brauchen klare Zielvorstellungen, aber auch die Bereitschaft, möglicherweise von den festgelegten Zielen abzuweichen. Es ist sinnvoll, dass sich Mitarbeiter mit Prozessen identifizieren, gleichzeitig behindert diese Identifikation aber

2 Jenseits der zweckrationalen Vorstellung …

auch die notwendigen Veränderungen. Eine Beteiligung von Mitarbeitern kann Wandlungspotenziale freisetzen, eine zu starke Einbeziehung der Mitarbeiter erschwert jedoch die Fokussierung der Organisation auf dominierende Zwecke. Selbstorganisation kann hilfreich sein, weil Lösungen vor Ort entwickelt werden; häufig gewährleistet jedoch die Fremdorganisation eine höhere Originalität der Lösung. Organisationen sehen sich der Notwendigkeit ausgesetzt, organisationale Freiräume für Innovationen zu schaffen; dieser Aufbau von Puffern lässt jedoch häufig den organisatorischen Schlendrian einziehen. Sie sind auf erfolgreiche Lernprozesse angewiesen, aber gerade erfolgreiche Lernprozesse sind für den Niedergang von Organisationen verantwortlich. Deswegen kann gerade die Vermeidung von Lernen eine sinnvolle Strategie sein (siehe dazu Kühl 2015a).

Dadurch, dass die unterschiedlichen Anforderungen in der Organisation selbst abgebildet werden müssen, entstehen zwangsläufig Organisationen mit inkonsistenten Zielen und Logiken. Der Konflikt zwischen Rechtsabteilung, dem Bereich Forschung und Entwicklung und der Stabsstelle Arbeitspolitik, ob ein neues Produktionsverfahren eingeführt wird, ist eine Auseinandersetzung, die aufgrund unterschiedlicher Umweltbezugspunkte der einzelnen Abteilungen nicht zu vermeiden ist. Konsequenz dieser Ausrichtung der Organisation auf verschiedene Umwelten – das Rechtssystem, das Wissenschaftssystem und das Politiksystem – ist, dass zwar unterschiedliche Umweltanforderungen bearbeitet werden können, jedoch die Organisation intern keine Rationalisierung mehr im Hinblick auf lediglich ein Bezugsproblem vornehmen kann.

Wenn man sich die Realität anschaut, dann sind die Anforderungen an Mitarbeiter zutiefst widersprüchlich. Einerseits sollen Mitarbeiter als „Unternehmer im Unternehmen" innerhalb der Organisation konkurrieren, andererseits sollen sie mit anderen Mitarbeitern kooperieren können. Motto: Alle ziehen gemeinsam an einem Strang, aber nur die Besten setzen sich durch. Einerseits wird von den Mitarbeitern verlangt, dass sie ihren eigenen Weg gehen, andererseits sollen sie das Gesamtziel der Organisation nicht aus den Augen verlieren. Motto: Jeder sucht sich seinen eigenen Weg, aber wir sitzen alle in einem Boot. Einerseits sollen die Mitglieder – wenn nötig – die von oben verordneten Regelwerke verletzen, andererseits die von der Organisation vorgegebenen Strukturen achten. Motto: Tu, was du willst, aber verletze ja nicht die geschriebenen und ungeschriebenen Gesetze. Einerseits soll für Querdenker mit ihrer Kreativität und Flexibilität Platz und Handlungsspielraum vorhanden sein, andererseits sollen die Ressourcen der Organisation möglichst effektiv eingesetzt werden. Motto: Sei unorthodox, behindere dadurch aber nicht die im Namen der Effizienz stattfindende Standardisierung von Abläufen (Moldaschl und Sauer 2000, S. 205 ff.; Kühl 2015b, S. 9 f.).

Die Sprichwörter des Managements
Diese Widersprüchlichkeit der Anforderungen hat schon sehr früh der Organisationstheoretiker und Wirtschaftswissenschaftler Herbert A. Simon (1946, S. 53) bemerkt. Er hat darauf aufmerksam gemacht, dass die landauf, landab verkündeten Prinzipien des Managements wie die bekannten Bauernregeln funktionieren. Zu jedem vor Weisheit strotzenden Sprichwort lässt sich ein ähnlich plausibel klingendes Sprichwort finden, das genau das Gegenteil belegen sollen. Soll man bei der Beziehungsanbahnung eher der Maxime „Gleich und gleich gesellt sich gern" folgen oder dem Prinzip „Gegensätze ziehen sich an"? Ist es der „frühe Vogel, der den Wurm fängt" oder doch eher die „zweite Maus, die den Käse bekommt"?

Und genauso lässt sich für jede Bauernregel, die ein Managementberater verkündet, die Bauernregel eines anderen – manchmal auch des gleichen – Managementberaters finden, die einem genau das Gegenteil empfiehlt (siehe Pfeffer und Sutton 2006, S. 34 ff.). Soll man eher der plausiblen Empfehlung von Managementberatern folgen, die Hierarchien abzuflachen und damit die Kontrollspannen einzelner anwachsen lassen oder soll man der Empfehlung folgen, die Kontrollspannen möglichst klein zu halten, um die Ansprechbarkeit von Führungskräften zu gewährleisten, auch wenn das zwangsläufig eine Zunahme von Hierarchiestufen mit sich bringt (siehe dazu Simon 1946, S. 55)? Soll man im Sinne eines Compliance Management die Tendenz zum Regelbruch als ersten Schritt ins „Chaos" ansehen und mit Begriffen wie „integres Management", „anständige Führung" oder „ehrliches Verhalten" die Einhaltung von Regeln einfordern oder soll man die Fixierung auf die Einhaltung von Regeln als „Bürokratismus" diskriminieren und mit Begriffen wie „Musterbrecher" die intelligente Ignorierung von Regeln huldigen (siehe dazu Kühl 2020a, S. 167 f.)?

Ein Großteil der Managementliteratur ist nach dem Prinzip von Bauernregeln gebaut. Der Autor eines typischen Managementbestsellers pickt sich eine der vielen Bauernregeln des Managements heraus, erfindet Geschichten von Organisationen, die durch die Befolgung dieser Bauernregel zum Erfolg gekommen sind und liefert Gründe, weswegen jede Organisation nur durch die Einhaltung genau der von ihnen gerade favorisierten Bauernregel überleben kann. Dass Organisationen mit sehr guten Gründen eine genau entgegengesetzte Bauernregel vertreten können, wird verschwiegen, ja weitergehend unfreundliche Bezeichnungen für das entgegengesetzte Prinzip gewählt, um die eigene Bauernregel plausibler erscheinen zu lassen.

Wenn man Managementschriften liest, fühlt man sich nicht selten an die Bücher erinnert, die allabendlich in den Kinderzimmern vorgelesen werden. Gearbeitet wird mit einfachen Schwarz-Weiß-Schemata – hierarchische Fremdsteuerung versus teambasierte Selbststeuerung; Weisungen von oben versus gemeinsame Vereinbarungen; zweckorientierte Formalstruktur versus wertebasierte Organisationskultur; geteilte Einheiten versus kooperierende Zellen; zentralisierte Verantwortlichkeit versus dezentralisierte Verantwortung; starres Management versus flexible Führung; oder gedankenlose Anpassung versus agile Haltung. Angesichts der simplen Gegenüberstellungen muss man nicht lange überlegen, mit welcher Seite man sich zu identifizieren hat.

Die Vorzüge solch simpel gebauter Kontraste dürfen nicht unterschätzt werden. Man kann sicher sein, dass die kognitiven Fähigkeiten der Rezipienten nicht überfordert werden. Es lassen sich übersichtliche Tabellen bauen, in denen das Böse mit dem Guten gegenübergestellt und damit ein schneller Konsens für das Richtige hergestellt werden kann. Damit einhergehend lassen sich leicht zugängliche Storys konzipieren, in denen der mühsame, aber hochbefriedigende Weg von der bösen zur guten Seite nachgezeichnet werden kann. Der Nachteil dieser einfachen Kontrastierungen ist aber, dass sie mit dem organisationalen Alltag nichts zu tun haben.

> **Ambidextrie als Managementmode**
>
> Es gibt kaum ein Thema in der Organisation, das sich nicht dafür eignet, in Form einer Managementmode aufgegriffen zu werden. So wird das Thema des Umganges mit gegensätzlichen Anforderungen in Organisationen im Konzept der Ambidextrie aufgegriffen und popularisiert. Die klassische Frage der Organisationstheorie, wie Organisationen

einerseits in einem kreativen Modus der „Exploration" neue Ideen entwickeln und gleichzeitig in einem Modus der „Exploitation" von der Effizienz optimierter Strukturen profitieren können, wird dabei für Praktiker aufbereitet (Andriopoulos und Lewis 2009; siehe dazu unübertroffen March 2010). Der Blick wird dabei dafür geöffnet, wie Organisationen in den drei Sinndimensionen versuchen, widersprüchliche Prinzipien zu vereinbaren.

Für die Sozialdimension ist herausgearbeitet worden, dass Personen durch ihre fachliche Ausbildung und berufliche Sozialisation Fähigkeiten entwickeln, die auf unterschiedliche Anforderungen von Organisationen eingestellt sind. Betriebswirten wird dabei – so jedenfalls eine stark vereinfachte Darstellung – eine starke Ausrichtung auf die kreative Suche von geeigneten Mitteln für vorgegebene Ziele unterstellt, während Juristen als Experten für die Erarbeitung und Interpretation komplexer Wenn-Dann-Regeln angesehen werden. Die unterschiedliche fachliche Expertise muss dabei nicht als Manko angesehen werden, sondern kann als hilfreiche fachliche Diversität in arbeitsteiligen Organisationen begriffen werden (siehe dazu aufschlussreich Luhmann und Schorr 1982).

Für die Sachdimension ist aufgezeigt worden, dass alle Organisationen ihre Einheiten danach ausrichten können, wie stark sie mit Unsicherheiten in der Umwelt umgehen müssen. Unsicherheitsabsorbierende Einheiten wie Forschung, Entwicklung, Personal oder Marketing federn dabei die widersprüchlichen Anforderungen so ab, dass der technische Kern der Organisation durch optimierte Strukturen auf Effizienz getrimmt werden kann. Das ermöglicht, dass Organisationsmitglieder die widersprüchlichen Anforderungen nicht selbst aushalten müssen, sondern sich auf den Mechanismus konzentrieren können, der für die eigene Organisationseinheit zentral ist (klassisch dazu Thompson 1967).

Für die Zeitdimension ist darauf hingewiesen, dass eine zentrale Fähigkeit von Organisationen darin besteht, zu erkennen, wann sie eher auf Exploration und wann eher auf Exploitation setzen sollten (siehe dazu March 1991). Idealtypisch lässt sich dies bei risikokapitalfinanzierten Unternehmen beobachten, die in Phasen eines Booms auf dem Finanzmarkt auf eine schnelle Entwicklung neuer Produkte

> und Dienstleistungen setzen, ohne dabei darauf zu achten, ob diese kurzfristige Gewinne abwerfen, aber beim Zusammenbruch des Finanzmarktes fast panisch versuchen, über eine Etablierung effizienter Strukturen und dem zumindest kostendeckenden Verkauf ihrer Leistungen ihre Liquidität zu sichern.
>
> Die interessante Perspektive auf die Struktur von Organisationen wird jedoch häufig dadurch verdeckt, dass die „Ambidextrie" auf eine Eigenschaft von Personen reduziert wird. Modernen Organisationen, so häufig der Tenor in der Managementliteratur, benötigen es, dass Menschen über die Fähigkeit verfügen, „beidhändig" agieren zu können, also sowohl im Modi der kreativen „Exploration" als auch im Modi der effizienten „Exploitation" wirken können müssen. Das diese personalen Fähigkeiten gar nicht nötig sind, weil der Umgang mit Ambidextrie durch die Organisation selbst über Strukturen sichergestellt werden kann, wird dabei übersehen.

Die Zwangsläufigkeit ungewollter Nebenfolgen

So weit, so gut. Durch die Proklamierung einer Vereinbarung des Unvereinbaren wird allerdings ein zentraler Effekt von Entscheidungen in Organisation abgedunkelt: Jede Entscheidung in jeder Organisation bringt, allen positiven Wirkungen zum Trotze, zwangsläufig auch immer problematische Nebeneffekte mit sich. Die konsequente Verschlankung der Prozesse hat zur Folge, dass man für außergewöhnliche Ereignisse keinen Puffer hat. Die Einforderung und Durchsetzung von Regeltreue führt dazu, dass Organisationen nicht situativ auf etwaige Ereignisse reagieren können. Kurz: egal, wie man sich entscheidet, man kann sicher davon ausgehen, dass sich ungewollte Nebenfolgen ausbilden.

Das bedeutet, dass man bei jeder nach langer Überlegung getroffenen Entscheidung mit guten Gründen auch genau das Gegenteil hätte bestimmen können. Man hat sich auf eine klare Strategie festgelegt, vielleicht hätte man aber angesichts der sich schnell ändernden Umweltbedingungen flexibler bleiben sollen. Man hat mit guten Argumenten entschieden, der Empfehlung aus dem Qualitätsmanagement, „First time right counts", zu folgen, nur um dann festzustellen, dass ein „Just do it, and then keep figuring out how to do it better" genauso plausibel gewesen wäre.

Die Zyklenhaftigkeit von Managementmoden
Die Sprichwortartigkeit von Managementkonzepten erklärt, weswegen sich eine Managementmode in organisationalen Feldern als dominierendes Managementmodell durchsetze kann, aber auch schnell wieder durch ein anderes Managementmodell ersetzt wird. Dabei verschwinden Managementmoden nicht von einem Moment auf den anderen, sondern sterben sehr langsam aus. Ein Grund dafür ist, dass eine Managementmode nicht statisch ist, sondern ein erhebliches Maß an kleineren Variationen aufweist.

Organisationen müssen sich einerseits an aktuelle Entwicklungen anpassen, dürfen aber gleichzeitig nicht den Eindruck vermitteln, andere lediglich zu kopieren. Wer immer nur in die Fußstapfen anderer trete, so der beliebte Spruch im Management, hinterlasse keine Spuren. Einzigartigkeit lasse sich letztlich nicht mit dem Kopierer erzeugen (so Sprenger 1997, S. 146). Verfechter einer Managementmode kopieren diese deswegen nicht eins zu eins, sondern verändern sie leicht, um eigene Akzente zu setzen. In einem Prinzip der „Imitation plus" wird eine Managementmode im Prozess der Übernahme durch kleine Variationen immer weiter entwickelt (siehe Kühl 2015b, S. 210 ff.).

Letztlich unterscheiden sich Managementmoden nicht von Kleidermoden. Auch bei Kleidermoden werden innerhalb eines dominanten Trends kleinere Veränderungen vorgenommen. Innerhalb eines Trends der kurzen Röcke werden diese immer knapper, neue Schnitte ausprobiert oder andere Stoffe genutzt. Diese Spielarten ermöglichen es nicht nur verschiedenen Trendsettern, sich innerhalb einer Mode zu profilieren, sondern tragen dazu bei, dass sich Moden nicht allzu schnell erschöpfen (siehe zu Kleidermoden aufschlussreich Lowe und Lowe 1982).

Aber irgendwann hat sich bei aller Varianz jede Mode einmal erschöpft. Genauso wie bei Kleidung innerhalb eines Trends irgendwann alle Variationen aufgebraucht sind, kommt es auch bei Managementmoden zu dem Effekt, dass alle Abwandlungen eines Organisationskonzepts schon einmal angepriesen wurden. Der Sättigungsgrad ist so hoch, dass der Markt nach etwas grundlegend Neuem verlangt. Die Managementmode verschwindet und wird durch eine andere ersetzt.

Die Zyklenhaftigkeit von Managementmoden mag ernüchternd wirken. Sie zeigt, dass es für die Selbstsicherheit, mit der Managementkonzepte propagiert werden, keine überzeugenden Gründe gibt. Bei dem Enthusiasmus für ein Managementkonzept handelt es sich um ein Selbstillusionieren, das spätestens mit dem Niedergang einer Managementmode offensichtlich wird. Aber trotz allem kann der Einsatz von Managementmoden in Veränderungsprozessen funktional sein.

3

Die Verwendung von Managementmoden in Veränderungsprozessen

In ihrer Machart haben Managementmoden hohe Ähnlichkeiten mit Religionen. Es wird ein Weg versprochen, mit dem die Arbeit – und weitergehend das Leben – wieder einen Sinn haben kann. Es werden Prinzipien gepriesen, mit denen man in neue Bewusstseinsstufen vordringen könne. Es werden Katastrophen prophezeit, wenn man sich nicht der neuen Gedankenwelt verschreibt. Versprochen wird nicht nur die Erlösung des Einzelnen, sondern der ganzen Welt (so die Analysen bei zum Beispiel bei Krell 1994, S. 276 ff.; Furnham 2004, S. 4; Collins 2020, S. 135 ff.).

Man erkennt die Anlehnung von Religionen schon am Sprachgebrauch. Es ist die Rede von den „sieben Todsünden" des Managements. Managementprinzipien werden als „zehn Gebote" der Organisation ausgeflaggt. Manager zögern nicht, sich ihren Mitarbeitern gegenüber als „Chief Evangelist" zu bezeichnen (siehe zur religiösen Aufladung von Managementmoden Ellis und Tissen 2002; auf Englisch Ellis und Tissen 2003).

Die Religionsähnlichkeit von Managementmoden greifen Kritiker auf und bemängeln, dass Verfechter von Managementkonzepten sich wie Anhänger eines Kultes verhielten. Sie würden sich zu einer Gruppe von Auserwählten zählen, die begriffen hätten, wie Organisationen heutzutage zu funktionieren hätten. Die Pflege eines Managementkonzepts auf Seminaren und Konferenzen erinnere an eine „spirituelle Praxis", in der sich die Teilnehmer in einen beseelten Zustand versetzen würden (in dem Sinne zum Beispiel Greatbatch und Clark 2005, S. 12 ff.; Huczynski 2006, S. 206 ff.; Alvesson 2013, S. 130 ff.).

Was bei dieser Kritik jedoch übersehen wird, ist, dass die Managementkonzepte gerade aufgrund ihrer nahezu religiösen Aufladung wichtige Funktionen in Organisationen erfüllen. Kurz: Gerade weil Managementmoden große Ähnlichkeiten mit Religionen haben, können sie eine zentrale Rolle in Veränderungsprozessen von Organisationen spielen (für diese funktionalistische Argumentationsrichtung prominent Kieser 1997b).

3.1 Die Schwierigkeit bei der Veränderung in Organisationen

Organisationen stehen vor der Herausforderung, unter Bedingungen von hoher Unsicherheit Entscheidungen treffen zu müssen (siehe dazu Luhmann 1964, S. 173). Wenn allen klar ist, was die richtige Vorgehensweise ist, bräuchte man keine Entscheidung zu treffen, weil man lediglich das sowieso auf der Hand Liegende exekutieren müsste. Entscheidungen sind also immer Festlegungen in einer Situation, in der man nicht sicher sein kann, ob diese richtig sind. Jede Entscheidung, die in einer Organisation getroffen wird, ist deswegen zwangsläufig riskant. Es kann sich später immer herausstellen, dass eine andere Entscheidung doch besser gewesen wäre (siehe dazu grundlegend Luhmann 1993, S. 287 ff.).

Unsicherheiten bei der Entscheidungsfindung in Organisationen
Das Entscheidungen sich später als falsch herausstellen können, kann man auch außerhalb von Organisationen beobachten. Die Entscheidung für ein Urlaubsziel kann sich als Fehler erweisen, weil es aufgrund der Attraktivität des Ortes zu Überfüllungseffekten gekommen ist. Die in der Phase akuten Verliebtseins getroffene Wahl eines Ehepartners kann sich als Irrtum zeigen, weil dieser mit den Jahren ungeahnte rigide Verhaltensweisen zeigt und die Auseinandersetzung über die berühmt-berüchtigte Zahnpastatube zu einem permanenten Konfliktpunkt wird. Die Entscheidung für Kinder kann man im Nachhinein bereuen, weil man unterschätzt hat, wie nervenaufreibend Erziehungsarbeit ist. Bei der Entscheidungsfindung in Organisationen kommen jedoch einige verschärfende Bedingungen dazu.

Erstens herrscht in Organisation eine permanente Unsicherheit darüber, ob angesichts sich veränderten Umweltbedingungen die eigene Organisationsstruktur noch passend ist. Unter der Bedingung, dass morgen alles anders sein kann, wirken die jetzigen Selbstfestlegungen der Organisationen riskant. Wer kann einem garantieren, dass die ehemals originellen Ideen oder die etablierten effizienten Routinen nicht in absehbarer Zeit der erste Nagel im Sarg des eigenen Unternehmens sein werden? Systemtheoretisch ausgedrückt: Die bisher erfolgreichen Formen der Unsicherheitsabsorption werden selbst unsicher (siehe dazu Japp 1996, S. 91).

Zweitens kommt hinzu, dass es bei der Entscheidungsfindung in Organisationen häufig zu einer Überlastung von Informationen kommt. Während es früher für Organisationen schwierig war, an Informationen heranzukommen, werden sie heute mit diesen überlastet. Statt eines Informationsmangels droht eher ein „Informations-Blackout" – eine Art epileptische Reaktion der Organisation auf eine Informationsüberfrachtung. Um diesen Blackout zu verhindern, ist man in Organisationen bei der Entscheidungsfindung gezwungen, mehr oder minder willkürlich aus den vorhandenen Informationen auszuwählen. Ob man die Entscheidung auf der Basis der richtigen Informationen getroffen hat, weiß man angesichts der sich häufig widersprechenden Informationen dabei oft erst sehr viel später.

Drittens wird das Problem dadurch verschärft, dass Organisationen durch den Kontakt mit anderen Organisationen, Angst bekommen können, gegenüber diesen in einen Rückstand zu geraten (Huczynski 1993a, S. 450). Organisationen bewegen sich immer in Feldern, die durch andere Organisationen geprägt sind (siehe DiMaggio und Powell 1983, S. 148). Auch wenn sie sich nicht zwangsläufig im direkten Wettbewerb mit diesen Organisationen befinden, vergleichen sie sich mit ihnen und werden mit ihnen verglichen. Es gibt einen – wenn auch häufig nicht ausgesprochenen – Wettbewerb darüber, welche Organisation in einem Feld die Herausforderungen am besten in den Griff bekommt. Eine Organisation kann sich dabei nie sicher sein, wie sie in diesem Wettbewerb dasteht.

Die Reduzierung der Unsicherheit und Verantwortung bei der Entscheidungsfindung
Letztlich könnten sich Organisationen bei der Entscheidungsfindung auf sich selbst verlassen. Das Problemver-

ständnis in einer Organisation ist meistens so präzise, dass das nötige Know-how zur Einschätzung von Entscheidungsalternativen vorhanden ist. In einer Organisation wissen die Mitglieder, woher Verständigungsprobleme zwischen Abteilungen herrühren und wie diese bearbeitet werden können, welche Routinen nicht so wie geplant funktionieren und welche Personen auf den richtigen Stellen sitzen und welche nicht. Allein mit Blick auf das Wissen wären also Organisationen allein in der Lage, die Vor- und Nachteile von Entscheidungsalternativen gegeneinander abzuwägen und auf dieser Basis eine Entscheidung zu treffen.

Das Problem ist jedoch, dass bei allen Entscheidungen unter Unsicherheit Verantwortung übernommen wird. Wenn sich abzeichnet, dass eine Entscheidung für die Organisation unter dem Strich als „falsch" wahrgenommen werden muss, setzt häufig die Suche nach Schuldigen ein. Es werden Personen identifiziert, die die Entscheidung damals getroffen haben und deswegen für sie verantwortlich gemacht werden können (siehe dazu Luhmann 1964, S. 174 ff.).

Deswegen bilden sich in Organisationen vielfältige Strategien aus, die Verantwortung für eine Entscheidung zu reduzieren. Große Expertenberatungsfirmen werden in vielen Fällen nicht wegen der Qualität ihrer Beratungsleistung geholt, sondern weil man die Verantwortung für Entscheidungen auf sie auslagern kann. Die Einrichtung von kollektiven Entscheidungsorganen in Form von selbstorganisierten Teams reduziert die individuelle Verantwortung jedes einzelnen Teammitglieds. Die Einbindung möglichst vieler Personen durch partizipativ angelegte Veränderungsprozesse erschwert es, allein für eine Entscheidung verantwortlich gemacht zu werden.

Angesichts der Risiken bei der Entscheidungsfindung spielen Managementmoden eine wichtige Rolle. Manager können Entscheidungen damit begründen, dass sich alle Organisationen im Moment an einem Trend orientieren. Man verweist beim Neuzuschnitt einer Organisation darauf, dass dies in den aktuell gehandelten Managementkonzepten als einzige Möglichkeit gesehen wird, mit den veränderten Anforderungen umzugehen. Man rechtfertigt seine eigene Vorgehensweise damit, dass man Strukturen derjenigen Organisationen imitiert, die in der Managementpresse als besonders fortschrittlich diskutiert und deswegen für besonders erfolgreich gehalten werden. Kurz: Managementmoden dienen in so einer Situation als Sicherheitssurrogate. Sie verringern das Risiko, für Entscheidungen zur Verantwortung gezogen zu werden, weil man ja nur das gemacht hat, was alle andere auch gemacht haben.

3.2 Die Schaffung von Veränderungsbereitschaft

Die Konfrontation mit Managementmoden erhöht erst einmal die Komplexität und damit auch Unsicherheit in Organisationen. Sie lösen in Organisationen Irritationen aus, weil die Dinge ja anders gemacht werden sollen als bisher. Damit steigen die Entscheidungsoptionen in der Organisation erst einmal an, weil neben dem Status Quo eine andere Option geöffnet wird (Matthiesen et al. 2022, S. 222). Managementmoden reduzieren Komplexität aber sofort wieder, weil ein stringentes, in sich schlüssiges Konzept präsentiert wird.

Die Komplexitätsreduktion durch Managementmoden
Verschiedene Gestaltungsprinzipien und Managementwerkzeuge werden in einem Paket zusammengefasst und dann mit beeindruckenden Labeln wie „Total Quality Ma-

nagement", "Lean Management" oder "agiles Betriebssystem" bedruckt (siehe zum Konzept der Paketförmigkeit Gill und Whittle 1992, S. 282). Die Illusion ist dabei, dass das Management einer Organisation dieses Paket nur auspacken müsste und sie dann unmittelbar von seinem Inhalt profitieren könnten (dazu Huczynski 2006, S. 112).

Die Suggestion dieser Paketförmigkeit ist, dass ein Managementkonzept komplett eingekauft werden kann. Genauso wie man eine veraltete Software löschen und durch eine neue Standardsoftware ersetzen kann, könne man auch, so das Verkaufsversprechen, das alte Betriebssystem der Organisation löschen und durch ein neues Managementsystem ersetzen. Wie bei einer Standardsoftware müsse man auch bei einem neuen Managementsystem dabei die eine oder andere Anpassung vornehmen, aber im Groben weiß man, was man bekommt. Für Organisationen stellt dieses Versprechen eine enorme Erleichterung bei der Entscheidungsfindung in einem Veränderungsprozess dar.

Ausblendung von ungewollten Nebenfolgen
Jede "Problemlösung" bringt zwangsläufig aber auch "Lösungsprobleme" mit sich (Luhmann 1964, S. 382). Je ausführlicher über die Folgen einer bestimmten Entscheidung nachgedacht wird, in umso kritischerem Licht werden die getroffene Entscheidung gesehen. Durch die ausgeprägte Diskussion über mögliche Folgen einer Reform werden bestimmte Bedenken überhaupt erst geweckt und in der Organisation verbreitet.

Managementmoden helfen dabei, diese "Lösungsprobleme" auszublenden. Durch sie wird eine einfache Wahl zwischen zwei Alternativen aufgebaut – einer auf den ersten Blick wenig überzeugenden und einer sehr überzeugenden (Brunsson 1989, S. 189 ff.). Der aktuelle Status Quo einer Organisation wirkt wenig attraktiv, weil man über die Zeit die Schwachstellen genau kennenlernen musste. Dagegen wirken die in einer Managementmode propagierten Organisationsprinzipien anziehend, weil sie sich in der Organisation noch nicht in der alltäglichen Realität bewähren mussten.

In vielen Organisationen wird die Meinung vertreten, dass eine gut durchdachte Entscheidung schon kraft der eigenen Rationalität zur Befolgung motiviert. Je intensiver ein solcher Entscheidungsprozess aufgesetzt wird, desto eher, so die Annahme, fühlen sich die Organisationsmitglieder ermutigt, die Entscheidung auch umzusetzen. Häufig ist aber das Gegenteil der Fall: Je ausführlicher über die Folgen einer bestimmten Entscheidung nachgedacht wird, in umso kritischerem Licht werde die getroffene Entscheidung gesehen. Man folgt den Vorstellungen von „Entscheidungsrationalität", aber lässt außer Acht, ob am Ende noch die Energie vorhanden ist, die Entscheidung auch wirksam werden zu lassen (Brunsson 1985, S. 59 ff.).

Managementmoden können dagegen die „Handlungsrationalität" in Organisationen erhöhen, weil sie ermutigen, die Sachen anders zu machen (Brunsson 2007, S. 68 f.). Es werden systematisch die problematischen Folgen einer favorisierten Option ausgeblendet. Es werden Erfolgsgeschichten von Vorreiterorganisationen nacherzählt, ohne sich die Mühe zu machen, auf deren Hinterbühne zu schauen. Die Orientierung an Managementmoden entspricht in keiner Form den bekannten Vorstellungen von rationaler Entscheidungsfindung, bringt jedoch den Vorteil mit sich, dass die Entscheidung als unproblematisch verkauft und damit motivierend wirken kann.

3 Die Verwendung von Managementmoden ...

Der Charm eines Ready Made Konzeptes

Weswegen es für ein mittelständisches Unternehmen Sinn ergeben kann, für mehrere Millionen Euro ein organisationales Fertigkonzept einzukaufen

Auf der Ebene eines Teams mit klar umrissenen Aufgaben und weniger als einem Dutzend Mitarbeiter lassen sich agile Methoden einfach einführen. Wenn ein Team weitgehend autonom an der Entwicklung eines Produkts arbeiten kann, ist es vergleichsweise einfach, diese über die Position eines „Produkt Owner" an Bedürfnissen von Kunden auszurichten, den Entwicklungsprozess über ein- oder zweiwöchige Sprints zu organisieren und über tägliche „Standups" kurzfristige Abstimmungen vorzunehmen. Schwierig wird es immer, wenn eine Entwicklungsaufgabe eine Vielzahl von Teams erfordert, die miteinander koordiniert werden müssen.

Beratungsunternehmen haben deswegen Konzepte entwickelt, die es ermöglichen sollen, dass auf der Ebene von einzelnen Teams erfolgreiche agile Konzept auf die ganze Organisation übertragen werden. Skalierung agiler Arbeitsformen ist das Zauberwort, das dafür verwendet wird. Das Versprechen der Beratungsunternehmen an ihre potenziellen Kunden ist simpel. Wir haben für Euch einen Werkzeugkasten, in dem sich nicht nur bewährte, unmittelbar anwendbare Werkzeuge befinden, sondern diese Werkzeuge auch alle präzise aufeinander abgestimmt sind.

Bei diesen Konzepten wird alles zusammengemischt, was gerade im Managementdiskurs „en vogue" ist. Es werden Methoden wie Scrums, Kanbans, Backlogs, Key Performance Indicators, Portfolios und Value Streams verwendet, angereichert um Konzepte wie Customer Centricity, Design Thinking, Continuous Exploration und Iterations. Beigemischt werden angesagte Rollenbeschreibungen wie Product Owner, Business Owner, Epic Owner, Scrum Manager, Product Manager, System Architect, Enterprise Architect und Team Coach. Natürlich dürfen auch die üblichen Schlagworte wie Lean-Agile Mindset, Core Values, Visions, Objectives and Key Results, Artificial Intelligence, Shared Service, Community of Practice nicht fehlen. Die visuelle Darstellung dieser Konzepte ähnelt den beliebten Wimmelbildern, in denen man aufgrund der Unübersichtlichkeit immer wieder etwas Neues entdecken kann.

Ein französisches Maschinenbauunternehmen mit zehntausend Mitarbeitern leidet darunter, dass die einzelnen Entwicklungsprozesse immer komplexer werden und nur noch schwer aufeinander abgestimmt werden können. Sie überlegen deswegen eines der standardisierten Agilitätsmodelle einzuführen. Die zuständigen Bereichsleiter entscheiden sich vor der Einführung dieser Methode, durch eine kurze Analyse herausarbeiten zu lassen, ob die aufwendige und kostspielige Einführung eines solchen Modells Sinn ergibt.

Bei dieser Analyse kommt heraus, dass für die Beschleunigung der Produktentwicklung lediglich zwei Elemente aus dem skalierten agilen Framework relevant sind. Der eine zentrale Hebel ist, dass die einzelnen Produktentwicklungen durch autonome Produktentwicklungseinheiten vorangetrieben werden sollen. Dies soll zu einer Beschleunigung führen, weil die Produktentwickler nicht mehr an mehreren Entwicklungsprojekten gleichzeitig arbeiten müssen, sondern sich in einem „Agile Release Train" auf ein einzelnes Entwicklungsprojekt konzentrieren können. Der zweite Hebel ist die Überlegung, dass die sieben zentralen Entwicklungsprojekte des Unternehmens sich alle vier Wochen an einem Tag ihre jeweiligen Entwicklungsfortschritte präsentieren und ihre anstehenden Entwicklungen synchronisieren.

Weil die anderen hundertzwölf Ansatzpunkte des agilen Rahmenwerks für die Erhöhung der Entwicklungsgeschwindigkeit irrelevant sind, empfehlen die Organisationsanalytiker das agile Rahmenwerk nicht als Ganzes einzuführen, sondern sich auf die Einführung der autonomen Produktentwicklungsteams und die zeitliche Taktung der jeweiligen Entwicklungsschritte der Teams zu konzentrieren. Das Argument ist, dass die konsequente Arbeit an den beiden zentralen Hebeln für einen Erfolg bei der Produktentwicklung sorgt, da sonst die Einführung des ganzen umfassenden Rahmenwerks aus dem Fokus geraten würde. Es besteht die Sorge, dass ohne die Fokussierung auf die beiden Hebel, die Organisation nicht die Kraft haben wird, alle Mitarbeiter nur noch exklusiv einem Entwicklungsvorhaben zuzuordnen und die verschiedenen Entwicklungsvorhaben in den Rhythmus von vierwöchigen Sprints zu bringen.

Die Geschäftsführung lehnt diesen Vorschlag der Organisationsanalytiker ab und beschließt für mehrere Millionen das gesamte skalierte agile Rahmenwerk einzu-

> führen. Das Argument ist, dass im Unternehmen zu viele unterschiedliche Auffassungen, zu viele verschiedene Prozessverständnisse, zu viele Insellösungen existierten und es deswegen ein zentral vorgegebenes Rahmenwerk bräuchte. Dieser Gedanke widerspricht auf den ersten Blick der Idee der Agilität, weil im Veränderungsprozess nicht inkrementell gearbeitet wird, sondern die neue Struktur der Entwicklungsorganisation mit einem langfristigen Masterplan eingeführt wird. Die Entscheidung des Managements hat aber eine eigene Rationalität. Das Unternehmen ist im Entwicklungsprozess so zerfranst, die mikropolitischen Verwerfungen so ausgeprägt, dass die Organisation zu einer pragmatischen Arbeit an den zwei Strukturhebeln gar nicht in der Lage ist. Es scheint ein skaliertes Rahmenwerk zu brauchen, das sich als Industriestandard verkaufen lässt, um die Einheiten durch eine „Paketlösung" in eine einheitliche Struktur zu zwingen und Widerstände mit dem Argument auf eine vermeintliche Best Practice auszuhebeln.

3.3 Die Chancen der Mehrdeutigkeit von Managementmoden

Der Reiz vieler Managementmoden für Praktiker besteht in einer Mischung aus Einfachheit und Mehrdeutigkeit (so als erstes Clark und Salaman 1996, S. 85 ff.). Die Einfachheit der meisten Managementmoden weckt den Eindruck einer spontanen Plausibilität. Eine Firma, die ihre Mitarbeiter als Unternehmer im Unternehmen wirken lässt, erscheint ansprechender als eine, die die Initiative ihrer Mitarbeiter systematisch durch bürokratische Regularien erstickt. Ein Unternehmen, das sich am Modell eines Zelts orientiert, das sich jederzeit versetzen lässt, wirkt attraktiver als eines, das sich am Modell des Palastes ausrichtet. Eine Organisation, die sich netzwerkartig präsentiert, ruft mehr Sympathie hervor als Organisationen, die sich als zentralistisch präsentieren (alle Beispiele bei Kieser 1997b, S. 58 f.).

Gleichzeitig sind viele Managementmoden aber durch ein hohes Maß an Mehrdeutigkeit gekennzeichnet (dazu früh Bendix 1956, S. 342). Der Effekt ist, dass es bei vielen Managementmoden im Unklaren bleibt, wie diese im Detail umgesetzt werden sollen (Miller und Hartwick 2002, S. 26 f.; Miller et al. 2004, S. 12). Zwar suggerieren die rezeptartigen Darstellungen der Vorgehensweise, die Beispiele von Vorreiterorganisationen und die Kapitel über die Implementierung – eine unmittelbare Praktikabilität, beim Management bleibt doch eine gewisse Unsicherheit, wie diese genau umgesetzt werden sollen (Micklethwait und Wooldrige 1996, S. 83; Collins 2020, S. 20). Genau hier liegen für Organisationen erhebliche Gestaltungsmöglichkeiten.

Die Differenz von Werten und Programmen
Die Gestaltungsmöglichkeiten werden deutlich, wenn man zwischen Werten und Programmen unterscheidet. Werte – man denke dabei an Formulierungen wie „Wir organisieren uns in agilen Teams", „Wir arbeiten selbstbestimmt im Modus der Co-Creation" oder „Wir sind in unserem Handeln nachhaltig" – stellen zwar Verhaltenserwartungen dar, bestimmen aber nicht, welche Handlungen in einer konkreten Situation erwartet werden können. Wegen ihrer Abstraktheit haben Werte zwar „hohe Konsenschancen", lassen aber offen, wie sie konkret umgesetzt werden sollen (Luhmann 1972, S. 88 f.).

Programme sind dagegen Regeln für das richtige Entscheiden. Sie definieren, an welchen konkreten Erwartungen man sich als Organisationsmitglied zu halten hat. Der Clou bei Programmen ist, dass – anders als bei Werten – sicher identifiziert werden kann, ob im Sinne eines Programmes richtig gehandelt wurde oder nicht. Ob die Kunden wie Könige behandelt wurden, ist für vielfältige Interpretationen offen. Ob in einem Jahr 5 % neue Kunden gewonnen wurden oder der Umsatz um 16 % gesteigert werden konnte, lässt sich eindeutig feststellen.

Managementmoden suggerieren immer, dass sie nicht nur aus wohlklingenden Wertekatalogen bestehen, sondern aufzeigen, wie Organisationsstrukturen konkret umgesetzt werden können. Darauf können sie auch gar nicht verzichten, weil die wenigsten Praktiker in Organisationen sich für die Lektüre eines reinen Wertekatalogs interessieren würden. Es muss deswegen bei der Propagierung von Managementmoden immer der Eindruck vermittelt werden, dass diese unmittelbar praxiswirksam sind. Aber dabei handelt es sich lediglich um ein simples Verkaufsargument, mit dem der hohe Abstraktionsgrad eines Managementkonzepts kaschiert wird. Und das ist gut so. Denn erst der hohe Abstraktionsgrad schafft für die Gestalter von Organisationen Handlungsmöglichkeiten.

Ausdeutbarkeit als Chance
Manager können bei ihren Reformvorhaben viel von der Legitimationswirkung eines hoch gehandelten Managementkonzepts mitnehmen, gleichzeitig aber an den konkreten Schmerzpunkten der Organisation ansetzen und pragmatische Lösungen suchen (siehe zum folgenden kompakt Sturdy et al. 2019, S. 7). Sie können von der Popularität einer sehr allgemein formulierten Managementidee profitieren, ohne aber durch diese in der Auswahl von Handlungsoptionen eingeschränkt zu werden (siehe für die Nutzung der Ausdeutbarkeit Reay et al. 2013). Manager sind keine Marionetten, die von Managementgurus geführt werden, sondern spielen gerade bei der Übersetzung von Managementkonzepten in die Praxis eine zentrale Rolle (siehe dazu Spyridonidis et al. 2016).

Diese Entkopplung zwischen propagierten Grundprinzipien und konkreter Umsetzung kann man bei der

Nutzung verschiedener Managementmoden beobachten (siehe dazu einschlägig Guillén 1994, S. 281 ff.). Lean Management galt wegen dem Erfolg japanischer Unternehmen eine Zeit lang als erfolgversprechendes Rezept, um Montagezeiten zu reduzieren, Qualität zu erhöhen und Kosten zu senken (siehe zur Bedeutung des Japan Mythos Kühl 2015b, S. 94 ff.). Aber selbst bei den amerikanischen und europäischen Töchtern der japanischen Unternehmen wurden die Prinzipien nicht so wie ursprünglich gedacht umgesetzt. Zwar wurden die gleichen Begrifflichkeiten wie beim Mutterkonzern genutzt, aber letztlich machten die Tochterunternehmen das, was sie selbst gerade als passend betrachteten (Matthiesen et al. 2022, S. 225).

Die Entkopplung kann so weit gehen, dass man zwischen ausgeflaggten Grundsätzen und spezifischer Implementierung, unter dem Label einer aktuell angesagten Managementmode Strukturveränderungen umsetzt, die bei einem genaueren Blick deren Intention entgegenlaufen. Organisationen entscheiden sich, eine agile Organisationsform über die langfristige Beauftragung einer Expertenberatungsfirma umzusetzen, die sich in einem aufwendigen Ausschreibungsverfahren durchgesetzt hat. Diese langfristige Bindung widerspricht zwar der Idee einer agilen, schrittweisen, inkrementellen Vorgehensweise, entlastet das Top-Management aber immer wieder neu zu überlegen, wie man weiter vorgeht. Oder Organisationen nutzen das Leitbild der Selbstorganisation, um eine stärkere Dezentralisierung von Entscheidungsprozessen in Aussicht zu stellen, setzen aber durch die Herausnahme von mehreren Ebenen des mittleren Managements letztlich eine stärkere Zentralisierung der Entscheidungsfindung an der Organisationsspitze durch (siehe dazu Kühl 2015b, S. 117 ff.).

Diese Form der Entkopplung zwischen propagierten Grundprinzipien und konkreter Umsetzung erfordert Einfallsreichtum bei der Darstellung der eigenen Vorgehensweise (siehe dazu Branovic 2023, S. 45). Die Einführung neuer Abteilungen mit jeweils eigenen Rationalitäten im Rahmen einer Reorganisation unter dem Label der Agilität, kann sprachlich kaschiert werden, indem diese Abteilungen nicht mehr Abteilungen, sondern Chapter, Tribes oder Communities genannt werden. Die unter pragmatischen Gründen sinnvolle Einfügung einer neuen Hierarchiestufe im Rahmen eines Vorhabens zur Resilienzsteigerung kann im Verborgen gehalten werden, indem diese nicht im offiziellen Organigramm abgebildet wird. Als Verfechter einer „reinen Lehre" mag man sich über diese kreative Ausdeutung einer Managementmode ärgern, man kann es aber auch für ein kluges Vorgehen eines an pragmatischen Lösungen orientierten Managements halten.

Der kreative Umgang mit der Anforderung an einer agileren Herangehensweise in einem japanischen Elektronikkonzern

Der Vorstand eines japanischen Elektronikkonzerns entscheidet sich, dass im gesamten Unternehmen agile Organisationsformen eingeführt werden sollen. Hintergrund sind positive Erfahrungen in der Sparte für elektronische Werkzeuge, in der es gelungen ist, auf der Basis von stabilen Teams über Sprints die Entwicklungszeiten erheblich zu reduzieren. Die Hoffnung ist in den Sparten für Kraftfahrzeugtechnik, für Gebäudetechnik und für Haushaltsgeräte über die Einführung agiler Arbeitsformen ähnliche Effekte erzielen zu können.

Es wird ein Programm aufgesetzt, in dem alle Sparten des Konzerns angehalten werden, Maßnahmen zur Agilisierung umzusetzen. Diese sollen nicht nur in der Produktentwicklung, sondern auch im Einkauf, der Produktion, des Vertriebs und des Services realisiert werden. Agilität mit festen Teams und Strukturierung über Sprints wird dabei auf der Basis der positiven Erfahrungen in einem Bereich nicht nur als Erfolgsrezept für die Produktentwicklung angesehen, sondern als sinnvolles Prinzip für alle Funktionen innerhalb des Konzerns.

Die Leiterin für Services im Bereich der Haushaltsgeräte mit mehreren hundert Mitarbeitern steht vor der Herausforderung, dieses von oben vorgegebene Programm zur Agilisierung umzusetzen und dem Management über Fortschritte zu berichten. Der Erfolg ihres Bereichs hängt jedoch vorrangig von stabilen Prozessen an der Schnittstelle zum Kunden ab. Kunden, die Probleme mit ihrer Geschirrspülmaschine oder ihrer Waschmaschine haben, brauchen die Gewissheit, dass sie sofort einen Ansprechpartner für ihr Problem erreichen und innerhalb von 24 h ein Service-Mitarbeiter vor Ort ist. Dafür ist eine Durchprogrammierung der Organisation mit präzisen Wenn-Dann-Regeln notwendig, die in starkem Kontrast zu den an Zielen orientierten Prinzipien agiler Arbeitsformen in der Produktentwicklung stehen.

Statt das durch das gerade angesagte Leitbild der Agilität getriebene Top-Management des Konzerns mit der Inkonsistenz ihres konzernweit ausgerollten Reorganisationsprojektes zu belasten, entscheidet sich die Leiterin des Service-Bereichs dazu, ihr ohnehin geplantes Projekt zur weiteren Standardisierung der Service-Leistungen unter dem Label der Agilität laufen zu lassen. Sie nutzt das beim Top-Management angesagte Vokabular, um ihr eigenes seit langem mit ihren Mitarbeitern geplantes Vorhaben sprachlich aufzuhübschen. Weil das Top-Management nicht die Zeit hat, sich mit den Details einzelner Reorganisationsprojekte in den Sparten zu beschäftigen, geht diese pragmatische Umgangsform mit den Anforderungen an eine Agilisierung problemlos durch. Der Service-Leiterin gelingt es am Ende, ihr auf weiterer Standardisierung basierendes Vorhaben als agiles Vorzeigeprojekt zu positionieren.

3.4 Lob und Tadel der Ignoranz

Die Vergesslichkeit im Managementdiskurs führt dazu, dass regelmäßig Strukturprinzipien nach ein oder zwei Jahrzehnten eine Renaissance erleben (siehe dazu früh Barley und Kunda 1992). Organisationen, die in der Phase des

Lean Managements, mehrere Ebenen des mittleren Managements herausgenommen, dann aber wieder Hierarchiestufen eingeführt haben, um die Führungspannen zu verkleinern, reaktivieren unter dem Label der Agilität die Idee der selbstorganisierten Teams und bauen Hierarchiestufen wieder ab. Organisationen, die an ihrer Bürokratie zu ersticken drohen, nutzen den Hype der Organisationskultur, um den Detailierungsgrad bei der Formalisierung ihres Regelwerks zurückzunehmen, stellen dann aber fest, dass eine weitgehende Entformalisierung die interne Komplexität explodieren lässt. Sie nutzen dann die Begeisterung für Prozessorganisationen, um neue formale Regeln einzuführen, nur um dann unter dem Schlagwort der Flexibilisierung wieder den Formalisierungsgrad zurückzudrehen.

Welche Konsequenzen ergeben sich aus dieser Zyklenhaftigkeit für die Nutzung von Managementkonzepten?

Das Risiko beim Einsatz von Managementmoden
Bei der Darstellung von Managementkonzepten wird zwar sporadisch auf vorher existierende Konzepte verwiesen, die aber nicht auf einer systematischen Akkumulation von Wissen basieren (Nicolai und Simon 2001, S. 510). Verfechter von Managementmoden müssen vorher schon Angedachtes und Ausprobiertes ignorieren, weil es sonst nicht gelingen würde, ihre Überlegungen als etwas Neues zu präsentieren. Die Aussage einer Managementberaterin, dass sie nach reichlicher Überlegung zur Auffassung gekommen ist, dass das inzwischen fast hundert Jahre alte Konzept des Management by Objectives für Organisationen am besten ist, würde kaum Aufmerksamkeit erzielen. Sie muss die Idee unter neuen Begriffen wie Objectives and Key Results reaktivieren und so tun, als wenn es sich um eine grundlegende Neuentwicklung gegenüber allen vorher existierenden Überlegungen zur Steuerung von Organisationen über Zielvereinbarungen handelt.

Die Neuigkeitsdramatisierung bei der Propagierung von Managementmoden kaschiert, dass alle Prinzipien zur Strukturierung von Organisationen seit weit über hundert Jahren bekannt sind und in verschiedenen Varianten in der Praxis ausprobiert wurden (so Drucker 2016, S. 19; für das Beispiel Organisationskultur siehe Lammers 1987). Effekt ist, dass wir genau wissen, welche Wirkungen spezifische strukturelle Veränderungen in Organisationen – Insourcing und Outsourcing von Leistungen aus der Organisation, Zentralisierung oder Dezentralisierung der Entscheidungsfindung, Vorgesetzte als Mitglieder von Teams oder als Leitungsfunktion außerhalb von Teams, Prämierung von Leistungen für Einzelne oder für die ganze Organisation – haben. Die Auswirkungen mögen in Organisationen im Detail variieren, weil die einzelnen Maßnahmen unterschiedlich kombiniert werden, aber über die gewollten und ungewollten Folgen einer spezifischen Strukturmaßname kann man präzise Aussagen treffen.

Es ist sicherlich eine Leistung der Organisationswissenschaft, diese Kenntnisse über die Wirkung von Strukturveränderungen zusammenzutragen und zu kondensieren. Auch wenn Organisationswissenschaftler vorrangig für ihre wissenschaftlichen Fachkollegen schreiben, können Praktiker aus deren Artikeln und Büchern hilfreiche Hinweise auf die gewollten und ungewollten Folgen angedachter Strukturveränderungen ziehen. Aber in vielen Fällen ist dieser Rückgriff unnötig, weil das Wissen bei erfahrenen Praktikern vorhanden ist. Organisationsmitglieder haben häufig in ihrem Leben so viele Reorganisationen durchlaufen, dass sie die Effekte einer Reform voraussagen können, wenn diese in der Darstellung von dem üblichen verbalen Lametta befreit und auf ihre organisationsstrukturellen Grundlagen kondensiert wird.

3 Die Verwendung von Managementmoden ...

Die kaschierte Matrix

Wie ein Automobilzulieferer ungewollt ein als überwunden gedachtes Managementkonzept wieder einführt

Vor einigen Jahrzehnten wurde die Matrixorganisation als Lösung für zentrale Probleme der Organisation begriffen. In Abgrenzung zu einem Organisationsmodell, das nach den Funktionen Entwicklung, Einkauf, Produktion, Marketing und Vertrieb ausgerichtet gewesen ist, sollte die Matrixstruktur gewährleisten, dass neben der Ausrichtung auf die Funktionen auch die Orientierung an einem Produkt und einer Region zur Geltung kommt. Dafür wird eine Struktur geschaffen, in der Mitarbeiter sich in ihren Entscheidungen an funktionalen Erfordernissen gleichrangig auch an der Perspektive eines Produktes und einer Region orientierten sollten. Die Hoffnung war, dass es so gelingen kann, die Zielkonflikte aus den funktionalen, regionalen und produktspezifischen Anforderungen auszubalancieren.

Sehr schnell stellte man aber fest, dass die Einführung einer Matrixstruktur zu einer enormen Komplexitätssteigerung in der Organisation führt. In einer dreidimensionalen Matrix sehen sich Mitarbeiter drei Vorgesetzten gegenüber, denen sie jeweils rechenschaftspflichtig sind (kritisch früh Gulick 1937, S. 9). Diese Vorgesetzten sind sich in den seltensten Fällen einig, weil sie qua ihrer Positionen verschiedene Perspektiven einnehmen sollen. In manchen Fällen führen die Aushandlungen zwischen ihnen dazu, dass auf eine intelligente Art die Ansprüche aller drei Dimensionen ausbalanciert werden. In vielen Fällen kommt es aber zu einer Blockade, weil es in einer Matrixstruktur schwerfällt, überhaupt zu einer Entscheidung zu kommen.

Dieser Effekt hat zu einer massiven Kritik am Konzept der Matrixstruktur geführt. Die Einführung einer Matrixstruktur sei, so die Kritik, als ob man zur selben Zeit auf dem gleichen Feld mit den gleichen Personen Basketball, Tennis und Fußball spielen würde (siehe dazu Bogdanich und Forsythe 2022, S. 190 f.). Eine Zeit lang wurde deswegen behauptet, dass „exzellente Organisationen" dadurch gekennzeichnet seien, dass sie Matrixstrukturen konsequent vermieden und stattdessen die Verantwortlichkeit in autonomen Einheiten konzentrieren (so Peters und Waterman 1982, S. 49).

Das Resultat ist, dass sich kaum noch Manager und Berater hinstellen und offensiv die Einführung einer Matrixstruktur propagieren. Man würde sich damit als vorgestrig zu erkennen geben, weil man an einem Konzept festhält, über dessen negativen Aspekte man inzwischen genau Bescheid weiß. Wegen dieses Reputationsverlustes der Matrixorganisation gehen Wissenschaftlerinnen und Wissenschaftler, die Organisationen nicht empirisch beforschen, sondern ihre Erkenntnisse aus der Analyse des Managementdiskurses generieren, davon aus, dass Matrixstrukturen aus den Organisationen weitgehend verschwunden sind.

Die Entwicklung ist jedoch eine andere. In vielen Fällen findet die Verankerung von Matrixstrukturen nicht darüber statt, dass dieses Konzept offensiv vom Management propagiert wird, sondern schleicht sich eher ungewollt durch die Adaption eines gerade angesagten Managementkonzepts ein. Die Einführung von Matrixstruktur ist häufig nicht das Resultat einer bewussten Entscheidung für diese Organisationsstruktur, sondern eher ungewollte Nebenfolge eines durch eine Managementmode getriebenen Reorganisationsprojektes.

Die Geschäftsführung eines US-amerikanischen Automobilzulieferers entscheidet sich, eine Prozessorganisation einzuführen. Dabei bleibt die funktionale Aufbauorganisation mit einer Aufgliederung in Entwicklung, Einkauf, Produktion, Marketing und Vertrieb erhalten, führt aber parallel in der Ablauforganisation eine funktionsübergreifende Prozesssteuerung ein. Die Hoffnung ist dadurch, alle Wertschöpfungsprozesse im Unternehmen konsequent am Kundennutzen auszurichten. Über die präzise Definition der Schnittstellen zu Vor- und Folgeprozessen will man die Qualität steigern, Lieferzeiten verkürzen und Markteinführungen beschleunigen.

Um die Prozessorganisation zu etablieren, werden Prozessverantwortliche definiert. Dabei werden einerseits „Process Leads" etabliert, die eine eher koordinierende Rolle bei der Beschreibung der Prozesse haben sollen, und andererseits hierarchisch höher angesiedelte „Process Owner" ernannt, die auch verbindliche Entscheidungen über Standardprozesse in Organisationen treffen sollen. Weil die Organisation sich selbst noch nicht sicher ist, wie weit sie die Prozessorganisation treiben will, übernehmen Mitarbeiter neben ihrer Stelle in der Funktionalorganisation oder als Produktverantwortliche auch noch Aufgaben als „Process Lead" oder als „Process Owner".

Ohne es zu wollen, hat das Unternehmen da durch eine weitere Dimension in ihre ohnehin schon komplexe Matrixstruktur eingeführt. Neben der Ausrichtung an den Funktionen wie Einkauf, Entwicklung, Fertigung, Marketing und Vertrieb und der Orientierung an den sechs zentralen Produktlinien des Unternehmens, wird die Prozessorientierung als dritte Dimension eingeführt. Weil aber die Einführung der Prozessorganisation als Alternative zur existierenden Matrixstruktur verkauft wurde, ist das Management gar nicht in der Lage, das Thema Prozessorganisation unter dem Gesichtspunkt einer weiteren Verkomplizierung der Matrixstruktur zu diskutieren.

Weil sich die Geschäftsleitung im Einführungsprozess selbst unklar ist, ob die Prozessorientierung die dominierende Dimension sein soll, sie gleichberechtigt neben den Funktionen und Produktlinien stehen soll oder ob die Prozessverantwortlichen lediglich eine koordinierende Aufgabe übernehmen sollen, blockiert sich die Organisation durch Aushandlungsprozesse. Die Orientierung am Kundennutzen ist zu einem strategischen Argument von Process Ownern und Process Leads verkommen, mit dem sie ihre eigene Stellung in der Organisation gegenüber den funktionalen Abteilungsleitern und den Produktlinienverantwortlichen stärken wollen. Faktisch ist der Kunde weiter aus dem Blickfeld geraten, weil die Organisation sich in der Matrix vorrangig mit sich selbst beschäftigt.

Erinnerung und Vergesslichkeit

Die für den Reformprozess Verantwortlichen müssen gut überlegen, ob sie das Wissen über vergangene Reformen innerhalb der Organisation verfügbar machen möchten oder dieses durch die Verwendung von Managementmoden eher abdunkeln wollen. Schließlich droht das Wissen über schlechte Erfahrungen in der Vergangenheit, nicht zu vermeidende ungewollte Nebenfolgen und mögliche ähnliche attraktive Alternativen immer einem durch das Parasitieren an einer Managementmode in Schwung gebrachten

Reformprozess, Motivation zu entziehen. Es ist nötig, sich in allen drei Sinndimensionen zu überlegen, in welcher Form man sich die Ausblendungen von Managementmoden zu nutzen machen will.

In der Sachdimension sollte man sich in Organisationen überlegen, ob man eher auf Konzepte setzt, die versuchen, im Detail auszubuchstabieren, wie sich eine Organisation ausrichten soll, oder ob man eher auf offene, interpretationsfähige Konzepte setzen soll. Der Vorteil von Managementkonzepten, die die formalstrukturellen Grundlagen bis ins Detail ausdefinieren, besteht darin, dass sie dem Management das Denken und Entscheiden in einer Vielzahl von Punkten abnehmen. Der Nachteil ist, dass man Schwierigkeiten hat, sich von dem Konzept zu lösen, wenn in der Praxis die Nebenfolgen des Konzepts immer deutlicher werden, die ersten Vorreiterorganisationen scheitern und die Kritik immer heftiger wird. Managementmoden wie die lernende Organisation, die wissensbasierte Firma oder die selbstorganisierte Unternehmung sind so allgemein, dass man unter ihren Labeln fast alles machen kann. Diese sehr vage bestimmten Managementmoden verschwinden deswegen nicht so schnell, sondern verlieren mit der Zeit an Attraktivität, weil sie sich irgendwann als Label für Reformen in einer Organisation abgenutzt haben.

In der Sozialdimension stellt sich die Frage, bei welchen Organisationsmitgliedern mit Hilfe einer Managementmode eher die Begeisterung für eine Reform geweckt werden soll und bei welchen man eher auf das kritische Nachdenken über mögliche Organisationsformen setzen sollte. Weil Verfechter von Managementmoden mit ihren üblichen Neuigkeitsdramatisierungen das Wissen über die Auswirkung von Strukturveränderungen verdecken, kann es sinnvoll sein als Teil des organisationseigenen Risikomanagements, dieses Wissen wenigstens punktuell zu aktivieren. Es können kleine Runden langjähriger Mitarbeiter gebildet werden, in denen die Erfahrungen mit ähnlichen Reformvorhaben in der Vergangenheit zusammengetragen werden, oder kleinere Expertisen beauftragt werden, mit denen auf der Basis von Interviews mit interessierten Organisationsmitgliedern die Auswirkungen einer angedachten Strukturveränderung antizipiert werden. Ob dieses Wissen dann in der Organisation breit geteilt wird, sollte man sich aber gut überlegen, weil immer die Gefahr eines Verlustes von Dynamik droht.

In der Zeitdimension kommt es darauf an, sich einer Managementmode möglichst kurz vor ihrem Zenit zu bedienen. Am meisten Dynamik für einen Reformprozess bringt ein Managementkonzept, wenn die ersten Organisationen von ihren Erfolgen damit berichten und die Öffentlichkeit davon Kenntnis nimmt. Wenn eine Managementmode erst im Entstehen ist, verschafft sie nicht die ausreichende Legitimation, weil die wenigsten etwas mit dem Konzept anfangen können. Wenn die Managementmode an Bedeutung verliert, kann es sogar kontraproduktiv sein, einen Reformprozess unter dieser Flagge laufen zu lassen, weil die ersten Artikel über das Scheitern von Vorreiterreiterorganisationen erscheinen und dadurch in der eigenen Organisation zwangsläufig kritische Nachfragen generiert werden.

Wenn eine Managementmode sich im Niedergang befindet, sollte man als Organisation möglichst nicht mir ihr assoziiert werden. Aber der Niedergang einer Managementmode bedeutet nicht, dass dessen Strukturprinzip endgültig verschwindet. Die Vergesslichkeit im Managementdiskurs führt dazu, dass ein organisationales Strukturprinzip nach ein oder zwei Jahrzehnten eine Renaissance erleben wird. Das Strukturprinzip wird dann plötzlich wieder en vogue – wenn auch unter einem neuen Namen.

4
Zum Arbeiten mit Managementmoden – ein Fazit

Die Verärgerung über diese funktionalistische Perspektive, von Praktikern, die sich mit einer Managementkonzeption identifizieren, ist verständlich. Die Praktiker, so die Kritik, würden mit neuen Entwürfen die Diskussion stimulieren, den Theoretikern würde dann nichts anderes einfallen, als langsam ihre „schweren Geschütze" aufzufahren, sie in Stellung zu bringen und dann auf Ziele feuern, die sie nur schemenhaft erkennen würden. Die Theoretiker stellten lediglich akribisch zusammen, „was wo behauptet wird und warum das nicht ‚zusammenpasst'", „ungeprüft oder gar unprüfbar", „realitätsfern", „unsystematisch" oder „theorielos ist", sich selbst aber nie die Mühe machen, ein Konzept zu entwickeln, dass sich in der Praxis umsetzen lässt (Neuberger 1996, S. 277 in einer Kritik an Drumm 1995; Drumm 1996).

Aber – so die berechtigte Frage – unterliegen die Organisationstheoretiker mit ihren abstrakten Modellen nicht genau so zyklischen Moden wie die Verfechter von

Managementkonzepten? Wird nicht das, was sich Organisationswissenschaft nennt, nicht viel anders „gemacht" als die Managementmoden (Neuberger 1996, S. 278)? Ist nicht auch die systemtheoretische Organisationssoziologie mit ihren Ordnungsschemata, der Meta-Struktur-Matrix, ein lediglich gerade angesagtes Konzept, das in absehbarer Zeit durch andere, frischere Ansätze abgelöst werden wird?

Der Verzicht auf das Gemeinmachen mit einer guten Sache als Unterschied
Es wäre naiv, davon auszugehen, dass nicht auch die Wissenschaften gewissen Moden und Trends unterliegen. Es bilden sich in der Wissenschaft Denkstile aus, die bestimmen, welche Probleme in einer Wissenschaftsgemeinschaft als relevant betrachtet werden und in welchen Lösungsansätzen gedacht wird. Es ist faktisch nicht möglich, von diesen dominanten Denkstilen abzuweichen, weil diese innerhalb der Wissenschaft gar nicht verarbeitet werden können (siehe früh Fleck 1935). In der Wissenschaftsforschung wird von einem „Paradigma" gesprochen, das über längere Zeit das Denken in einer Disziplin bestimmt (einschlägig Kuhn 1962; Zuspitzung bei Feyerabend 1975; Feyerabend 1978).

Wenn man sich Machart und Diffusion von Organisationstheorien anschaut, dann kann man sich dem Eindruck nicht verwehren, dass diese gar nicht so unterschiedlich wie die Bauart und Verbreitung von Managementkonzepten sind (so Bort und Kieser 2011, S. 672; früher ähnlich für ökonomische Theorien Bronfenbrenner 1966, S. 538 ff. und für Rechtstheorien Sunstein 2001, S. 1259 ff.). Auch in der Organisationstheorie gibt es eine Konkurrenz von Konzepten, bei der manchmal ein Ansatz für eine Zeit dominant ist, ohne dass man genau weiß, warum. Auch dort versucht man sich mit Innovationen einen Namen zu machen, muss dabei aber mühsam darauf achten, dass man dabei Anschlussfähigkeit behält. Bei allen Bemühungen, möglichst komplexe Theorien aufzustellen, kann man manchmal den Eindruck haben, dass diese letztlich nur Metaphern sind, die nicht deutlich anders wirken als diejenigen in Managementkonzepten. Auch Organisationstheoretiker wirken manchmal wie „Geschichtenerzähler", die ähnlich wie Managementgurus damit beschäftigt sind, eine interessante und konsistente Story zu entwickeln (so Kieser 1997a, S. 243 f.). So kann man den Eindruck haben, dass die wissenschaftlichen Zeitschriften der Organisationstheorie mit immer mehr nutzlosem Zeug gefüllt werden (so jedenfalls der Eindruck von Starbuck 2009, S. 109 ff.). Gleichermaßen wird in der Organisationstheorie bei Themen wie Strategie, Leadership oder Institutionen häufig mit so vagen Konzepten gearbeitet, dass man diese nur schwer zu fassen bekommt (so Alvesson und Blom 2022, S. 63 ff.).

Man könnte diese Charakteristika zum Anlass nehmen, um die Wissenschaftlichkeit von Organisationstheorien grundlegend in Frage zu stellen. Wenn sich Organisationstheorien und Managementkonzepte in ihrer Empfänglichkeit für Moden und Trends so wenig unterscheiden, gäbe es keinen Grund, weswegen die „Bastler" an der Organisationstheorie herablassend auf die Konstrukteure von Managementkonzepten herabschauen sollten. Man kann die Empfänglichkeit für Moden und Trends in der Organisationstheorie aus der Perspektive als gar nicht so schlecht ansehen, weil sich Organisationswissenschaftler dadurch zumindest ein wenig von dem existierenden theoretischen und methodischen Korsett lösen können und so einen gewissen Drang zur Innovation entwickeln (so Abrahamson 2009, S. 238).

Bei allen strukturellen Ähnlichkeiten zwischen praxisorientierten Managementkonzepten und organisationswissenschaftlichen Ansätzen gibt es doch einen zentralen

Unterschied. Die Verfechter von Managementkonzepten favorisieren immer eine bestimmte Form der Strukturierung von Organisationen. Sie finden flache Hierarchien besser als steile, Dezentralisierung besser als Zentralisierung, Selbstorganisation besser als Fremdorganisation, revolutionären Wandel besser als Status quo Orientierung – oder manchmal auch umgekehrt. In jedem Fall geben sie eine Antwort auf die Frage, wie Organisationen gestaltet sein sollten, um innovativer, effizienter, mitarbeiterfreundlicher und umweltbewusster zu werden. Organisationstheoretiker nehmen im Gegensatz zu den Verfechtern von Managementkonzepten keine konkrete Position ein, welche Struktur sich eine Organisation geben sollte. Sie machen sich nicht mit einer Sache gemein – auch nicht mit einer Guten.

Für einen pragmatischen Umgang mit Managementmoden
Verfechter und Anhänger einer Managementkonzeption können mit guten Gründen eine funktionalistische Herangehensweise an Managementmoden als Provokation empfinden. Statt dem Versprechen zu glauben, dass durch eine Managementkonzeption eine Organisation effektiver, effizienter und innovativer wird, wird erstmal nur von einer nützlichen Legitimationswirkung auf der Schauseite ausgegangen, die für Reformen einen schützenden Rahmen bilden kann. Statt davon auszugehen, dass ein Managementkonzept eine unmittelbare Wirksamkeit in der Organisation erzielen kann, wird von einer lockeren Kopplung von Schauseite, formaler Seite und informaler Seite ausgegangen, sodass man unter der Flagge eines Managementkonzepts in einer Organisation fast alles machen kann.

Für Praktiker ist es verlockend, sich mit einem Managementkonzept zu identifizieren. Man kann die alltäglichen Frustrationen produktiv verarbeiten, indem man sich einem Managementkonzept verschreibt, das als Alternative zu den bekannten hierarchischen, arbeitsteiligen, überformalisierten Strukturen von Großorganisationen präsentiert wird. Man versteht sich als Teil einer Bewegung, der es nicht nur darum geht, Organisationen innovativer und effizienter zu machen, sondern auch den Mitarbeitern mehr Zufriedenheit ermöglicht. Man entwickelt ein Gemeinschaftsgefühl mit anderen Personen, die die gleiche Schlacht schlagen, um Organisationen flexibler, kreativer und agiler zu machen.

Gleichzeitig muss man sich bewusst sein, dass man das Entscheidungsspektrum erheblich einschränkt, wenn man sich einem Managementkonzept verschreibt. Berater, die Business Process Reeingineering als Lösung aller Organisationsprobleme ansehen, riskieren den Nutzen funktionaler Aufgliederung von Organisationen zu übersehen. Mitarbeiter, die sich als Scrum Master und agiler Coach für die inkrementelle Vorgehensweise begeistern, drohen zu übersehen, dass es Projekte geben kann, bei denen eine langfristige Planung über detaillierte Lastenhefte ein sinnvoller Weg sein kann. Wenn man als Werkzeug nur einen Hammer hat – so das bekannte Sprichwort – tendiert man dazu, in jedem Problem einen Nagel zu sehen.

Es spricht vieles dafür als Manager, Mitarbeiter und Berater, den gesamten Werkzeugkasten zu nutzen. Es gibt lediglich eine paar Dutzend Gestaltungsprinzipien in Organisationen: Erhöhung oder Reduzierung von Hierarchiestufen, Vorgesetzte in den Teams oder außerhalb des Teams, große oder geringe Führungsspannen für Vorgesetzte, Zentralisierung oder Dezentralisierung der Entscheidungsgewalt, Steuerung über Ziele oder über Wenn-Dann-Programme – um nur ein paar der offensichtlichsten zu nennen. Wenn man als Praktiker etwas von Organisationswissenschaftlern lernen kann, dann dass es sinnvoll ist, für das gesamte Spektrum der Gestaltungselemente von Organisationen offenzubleiben.

Das bedeutet nicht, dass man Managementmoden ignorieren sollte. Im Gegenteil – es ergibt Sinn ein Gespür für aktuelle Trends zu entwickeln, um Diskurse in Organisationen anzustoßen und Veränderungsvorhaben, die man schon lange geplant hat, mit einem frischen Vokabular zu legitimieren. Man kann also Managementmoden in Organisationen produktiv nutzen – man sollte bloß nicht allzu fest an diese glauben.

Literatur

Abrahamson, Eric (1996): Management Fashion. In: *Academy of Management Review* 21, S. 254–285.

Abrahamson, Eric (2009): Necessary Conditions for the Study of Fads and Fashions in Science. In: *Scandinavian Journal of Management* 5, S. 235–239.

Alvesson, Mats (2013): The Triumph of Emptiness. Consumption, Higher Education, and Work Organization. Oxford, New York: Oxford University Press.

Alvesson, Mats; Blom, Martin (2022): The Hegemonic Ambiguity of Big Concepts in Organization Studies. In: *Human Relations* 75, S. 58–86.

Andriopoulos, Constantine; Lewis, Marianne W. (2009): Exploitation-Exploration Tensions and Organizational Ambidexterity: Managing Paradoxes of Innovation. In: *Organization Science* 20, S. 696–717.

Aspers, Patrik (2005): Markets in Fashion. A Phenomenological Approach. London: Routledge.

Bardmann, Theodor M. (1997): Überall Schmarotzer oder: Vom endlosen Treiben der Parasiten. In: *gdi impuls* 2, S. 52–65.

Barley, Stephen R.; Kunda, Gideon (1992): Design and Devotion: Surges of Rational and Normative Ideologies of Control in Managerial Discourse. In: *Administrative Science Quarterly* 37, S. 363–399.

Barley, Stephen R.; Kunda, Gideon (2004): Gurus, Hired Guns and Warm Bodies. Itinerant Experts in a Knowledge Economy. Princeton: Princeton University Press.

Beck, Kent; Beedle, Mike; van Bennekum, Arie; Cockburn, Alistair; Cunningham, Ward; Fowler, Martin et al. (2001): Manifesto for Agile Software Development. Online verfügbar unter https://agilemanifesto.org/.

Bendix, Reinhard (1956): Work and Authority in Industry. New York: John Wiley.

Blumer, Herbert (1969): Fashion: From Class Differentiation to Collective Selection. In: *The Sociological Quarterly* 10, S. 275–291.

Bogdanich, Walt; Forsythe, Michael (2022): When McKinsey Comes to Town. The Hidden Influence of the World's Most Powerful Consulting Firm. Unter Mitarbeit von Michael Forsythe. New York: Knopf Doubleday.

Bort, Suleika (2015): Turning a Management Innovation into a Management Panacea. Management Ideas, Concepts, Fashions, Practices and Theoretical Concepts. In: Anders Örtenblad (Hg.): Handbook of Research on Management Ideas and Panaceas. Adaptation and Context. Cheltenham, Northampton: Edward Elgar, S. 35–56.

Bort, Suleika; Kieser, Alfred (2011): Fashion in Organization Theory. An Empirical Analysis of the Diffusion of Theoretical Concepts. In: *Organization Studies* 32, S. 655–681.

Branovic, Zejko (2023): Agilität als Baukasten. Organisationale De- und Rekonstruktion. In: *managerSeminare* 10, S. 42–46.

Bronfenbrenner, Martin (1966): Trends, Cycles, and Fads in Economic Writing. In: *The American Economic Review* 56, S. 538–552.

Bruch, Heike; Berger, Stefan (2016): Leadership wird noch wichtiger! Vier Hebel der Modernisierung von Führung. In: *Personalführung* 6, S. 18–23.

Brunsson, Nils (1985): The Irrational Organization. Irrationality as a Basis for Organizational Action and Change. Chichester: John Wiley & Sons.

Brunsson, Nils (1989): The Organization of Hypocrisy. Talk, Decisions and Actions in Organizations. Chichester: John Wiley & Sons.

Brunsson, Nils (2007): The Irrationality of Action and Action Rationality: Decisions, Ideologies, and Organizational Actions. In: Nils Brunsson (Hg.): The Consequences of Decision-Making. Oxford, New York: Oxford University Press, S. 32–49.

Bungard, Walter (2000): Zielvereinbarungen – Renaissance eines „alten" Führungskonzeptes auf Gruppen- und Organisationsebene. In: Walter Bungard und Oliver Kohnke (Hg.): Zielvereinbarungen erfolgreich umsetzen. Konzepte, Ideen und Praxisbeispiele auf Gruppen- und Organisationsebene. Wiesbaden: Springer Gabler, S. 15–34.

Burns, Tom; Stalker, George M. (1961): The Management of Innovation. London: Tavistock.

Campbell, Andrew; Goold, Michael (2000): The Collaborative Enterprise. Why Links Between Business Units Often Fail and Jow to Make Them Work. Cambridge: Perseus Books.

Carson, Paula Phillips; Lanier, Patricia A.; Carson, Kerry David; Guidry, Brandi N. (2000): Clearing a Path Through the Management Fashion Jungle. Some Preliminary Trailblazing. In: *Academy of Management Journal* 43, S. 1143–1158.

Christensen, Clayton M. (1998): The Innovator's Dilemma. When New Technologies Cause Great Firms to Fail. Boston: Harvard Business School Press.

Clark, Timothy; Greatbatch, David (2016): Management Fashion as Image-Spectacle. In: *Management Communication Quarterly* 17, S. 396–424.

Clark, Timothy; Salaman, Graeme (1996): The Management Guru as Organizational Witchdoctor. In: *Organization* 3, S. 85–107.

Collins, David (2000): Management Fads and Buzzwords. Critical-practical Perspectives. London, New York: Routledge.

Collins, David (2001a): The Fad Motif in Management Scholarship. In: *Employee Relations* 23, S. 26–37.
Collins, David (2020): Management Gurus. A Research Overview. London, New York: Routledge.
Collins, Jim (2001b): Good to Great. Why Some Companies Make the Leap … and Others Don't. New York: HarperBusiness.
Crozier, Michel (1989): L'entreprise à l'écoute: Apprendre le management postindustriel. Paris: Interéditions.
DiMaggio, Paul J. (2001): Introduction: Making Sense of the Contemporary Firm and Prefiguring Its Future. In: Paul J. DiMaggio (Hg.): The Twenty-First-Century Firm. Changing Economic Organization in International Perspective. Princeton, Oxford: Princeton University Press, S. 3–30.
DiMaggio, Paul J.; Powell, Walter W. (1983): The Iron Cage Revisited: Institutional Isomorphism and Collective Rationality in Organizational Fields. In: *American Sociological Review* 48, S. 147–160.
Drucker, Peter F. (1954): The Practice of Management. New York: Harper & Row.
Drucker, Peter F. (2016): People and Performance. The Best of Peter Drucker on Management. London: Taylor & Francis.
Drumm, Hans Jürgen (1995): The Paradigm of a New Decentralization. Its Implications for Organization and HRM. In: *Employee Relations* 17 (8), S. 29–45.
Drumm, Hans Jürgen (1996): Das Paradigma der Neuen Dezentralisation. In: *Die Betriebswirtschaft* 56, S. 7–20.
Ellis, Jonathan; Tissen, René (2002): Die 7 Todsünden im Management. Frankfurt a.M., Wien: Redline Verlag.
Ellis, Jonathan; Tissen, René Johannes (2003): The Seven Deadly Sins of Management. How to Be a Virtuous Manager. London: Profile.
Esposito, Elena (2004): Die Verbindlichkeit des Vorübergehenden. Paradoxien der Mode. Frankfurt a.M.: Suhrkamp.
Feyerabend, Paul K. (1975): Against Method. Outline of an Anarchistic Theory of Knowledge. London: Verso.

Feyerabend, Paul K. (1978): Science in a Free Society. London: Verso.
Fleck, Ludwik (1935): Entstehung und Entwicklung einer wissenschaftlichen Tatsache. Basel: Benno Schwabe.
Furnham, Adrian (2004): Management and Myths. Challenging Business Fads, Fallacies and Fashions. London: Palgrave Macmillan.
Gill, John; Whittle, Sue (1992): Management by Panacea. Accounting for Transience. In: *Journal of Management Studies* 30, S. 281–295.
Glaser, Stan (1997): Management Duckspeak. In: *Management Decision* 35, S. 653–655.
Greatbatch, David; Clark, Timothy (2005): Management Speak. Why We Listen to What Management Gurus Tell Us. London: Routledge.
Grove, Andrew S. (1983): High Output Management. New York: Random House.
Guest, David (1994): Right Enough to Be Dangerously Wrong: An Analysis of the In Search of Excellence Phenomenon. In: Graeme Salaman (Hg.): Human Resource Strategies. London: Sage, S. 5–19.
Guillén, Mauro F. (1994): Models of Management. Work, Authority and Organization in a Comparative Perspective. Chicago: Chicago University Press.
Gulick, Luther (1937): Notes on the Theory of Organization. In: Luther Gulick und Lyndall F. Urwick (Hg.): Papers on the Science of Administration. New York: Columbia University Institute of Public Administration, S. 1–46.
Hamel, Gary; Zanini, Michele (2020): Humanocracy. Creating Organizations as Amazing as the People Inside Them. Boston Massachusetts: Harvard Business Review Press.
Hammer, Michael; Champy, James (1993): Reengineering the Corporation. A Manifesto for Business Revolution. New York: HarperBusiness.
Hasse, Raimund; Japp, Klaus Peter (1997): Dynamik symbolischer Organisationspolitik. Umwelt- und Selbstanpassung als Folgewirkung ökologischer Leistungserwartungen. In: Martin

Birke, Carlo J. Burschel und Michael Schwarz (Hg.): Handbuch Umweltschutz und Organisation. München: Oldenbourg, S. 134–162.
Hersey, Paul; Blanchard, Kenneth H. (1969): Managing Research and Development Personnel: An Application of Leadership Theory. In: *Research Management* 12, S. 331–338.
Hilmer, Frederick G.; Donaldson, Lex (1996): Management Redeemed. Debunking the Fads that Undermine Corporate Performance. New York: Free Press.
Höhn, Reinhard (1966): Führungsbrevier der Wirtschaft. Bad Harzburg: Verlag für Wissenschaft, Wirtschaft und Technik.
Höhn, Reinhard (1978): Das tägliche Brot des Managers. Bad Harzburg: Verlag für Wissenschaft, Wirtschaft und Technik.
Hsieh, Tony (2010): Delivering Happiness. A Path to Profits, Passion, and Purpose. First edition. New York, Boston: Grand Central Publishing.
Huczynski, Andrzej (1993a): Explaining the Succession of Management Fads. In: *The International Journal of Human Resource Management* 4, S. 443–463.
Huczynski, Andrzej (1993b): Management Gurus. What Makes Them and How to Become One. London: Routledge.
Huczynski, Andrzej (2006): Management Gurus. What Makes Them and How to Become One. 2. Aufl. London: Routledge.
Iacocca, Lee (2007): Where Have All the Leaders Gone? New York: Scribner.
Ishikawa, Kaoru (1987): What is Total Quality Control? The Japanese Way. 6. Aufl. Englewood Cliffs: Prentice-Hall.
Jackson, Brad (2001): Management Gurus and Management Fashions. A Dramatistic Inquiry. London, New York: Routledge.
Japp, Klaus Peter (1996): Soziologische Risikotheorie. Funktionale Differenzierung, Politisierung und Reflexion. Weinheim: Juventa.
Kanter, Rosabeth Moss (1983): The Change Masters. Innovation for Productivity in the American Corporation. New York: Simon & Schuster.
Kieser, Alfred (1996): Moden & Mythen des Organisierens. In: *Die Betriebswirtschaft* 56, S. 21–39.

Kieser, Alfred (1997a): Moden & Mythen des Theoretisierens über die Organisation. In: Christian Scholz (Hg.): Individualisierung als Paradigma. Festschrift für Hans Jürgen Drumm. Stuttgart: Kohlhammer, S. 237–259.
Kieser, Alfred (1997b): Rhetoric and Myth in Management Fashion. In: *Organization* 4, S. 49–74.
Kieserling, André (2000): Die Soziologie der Selbstbeschreibung. In: Henk de Berg und Johannes F. K. Schmidt (Hg.): Rezeption und Reflexion. Zur Resonanz der Systemtheorie Niklas Luhmanns außerhalb der Soziologie. Frankfurt a.M.: Suhrkamp, S. 38–92.
König, René (1983): Die analytisch praktische Doppelbedeutung des Gruppentheorems. Ein Blick in die Hintergründe. In: Friedhelm Neidhardt (Hg.): Gruppensoziologie. Perspektiven und Materialien. Opladen: WDV (Kölner Zeitschrift für Soziologie und Sozialpsychologie Sonderheft, 25), S. 36–64.
Kotter, John P. (2014): Accelerate. Building Strategic Agility for a Faster-Moving World. Boston: Harvard Business Review Press.
Kramer, Hugh E. (1975): The Philosophical Foundation of Management Rediscovered. In: *Management International Review* 15 (2/3), S. 47–54.
Krell, Gertraude (1994): Vergemeinschaftende Personalpolitik. Normative Personallehren, Werksgemeinschaft, NS-Betriebsgemeinschaft, Betriebliche Partnerschaft, Japan, Unternehmenskultur. München, Mering: Rainer Hampp Verlag.
Kühl, Stefan (2003): Das Theorie-Praxis Problem in der Soziologie. In: *Soziologie* 4, S. 7–20.
Kühl, Stefan (2009): Die blinden Flecke der systemischen Beratung. In: Falko von Ameln, Josef Kramer und Heike Stark (Hg.): Organisationsberatung beobachtet. Hidden Agendas und Blinde Flecke. Wiesbaden: VS Verlag für Sozialwissenschaften, S. 119–126.
Kühl, Stefan (2014): Organisationssoziologie. In: Günter Endruweit, Gisela Trommsdorff und Nicole Burzan (Hg.): Wörterbuch der Soziologie. Konstanz, München: UVK, S. 343–347.

Kühl, Stefan (2015a): Das Regenmacher-Phänomen. Widersprüche im Konzept der lernenden Organisation. 2. Aufl. Frankfurt a.M., New York: Campus.
Kühl, Stefan (2015b): Sisyphos im Management. Die vergebliche Suche nach der optimalen Organisationsstruktur. 2. Aufl. Frankfurt a.M., New York: Campus.
Kühl, Stefan (2015c): Wenn die Affen den Zoo regieren. Die Tücken der flachen Hierarchien. 6. Aufl. Frankfurt a.M., New York: Campus.
Kühl, Stefan (2017): Laterales Führen. Eine sehr kurze organisationstheoretisch informierte Handreichung. Wiesbaden: Springer VS.
Kühl, Stefan (2020a): Brauchbare Illegalität. Vom Nutzen des Regelbruchs in Organisationen. Frankfurt a.M., New York: Campus.
Kühl, Stefan (2020b): Organisationen. Eine sehr kurze Einführung. 2. Aufl. Wiesbaden: Springer VS.
Kühl, Stefan (2022): Der ganz formale Wahnsinn. 111 Einsichten in die Welt der Organisationen. München: Vahlen.
Kühl, Stefan (2023): Schattenorganisation. Agiles Management und ungewollte Bürokratisierung. Frankfurt a.M., New York: Campus.
Kühl, Stefan (2025): Führung und Gefolgschaft. Managementkonzepte im Nationalsozialismus und in der Demokratie. Frankfurt a.M., New York: Campus.
Kuhn, Thomas S. (1962): The Structure of Scientific Revolutions. Chicago: University of Chicago Press.
Laloux, Frederic (2014): Reinventing Organizations. A Guide to Creating Organizations Inspired by the Next Stage of Human Consciousness. Brussels: Nelson Parker.
Laloux, Frederic (2015): Reinventing Organizations. Ein Leitfaden zur Gestaltung sinnstiftender Formen der Zusammenarbeit. München: Vahlen.
Lammers, Cornelis J. (1987): Transcience and Persistence of Ideal Types in Organization Theory. In: Bacharach, Samuel B., DiTomaso, Nancy (Hg.): Research in the Sociology of Organizations. Greenwich: JAI Press, S. 203–224.

Landier, Hubert (1987): L'entreprise polycellulaire. Pour penser l'entreprise de demain. Paris: Éditions Entreprise moderne.

Landier, Hubert (1991): Vers l'entreprise intelligente. Dynamique du changement et mutation du management. Paris: Calmann Lévy.

Lessenich, Stephan (2016): Neben uns die Sintflut. Die Externalisierungsgesellschaft und ihr Preis. München: Carl Hanser Verlag.

Likert, Rensis; Araki, Charles T. (1986): Managing Without a Boss: System 5. In: *Leadership and Organization Development Journal* 7, S. 17–20.

Lowe, John W. G.; Lowe, Elizabeth D. (1982): Cultural Pattern and Process: A Study of Stylistic Change in Women's Dress. In: *American Anthropologist* 84, S. 521–544.

Luhmann, Niklas (1964): Funktionen und Folgen formaler Organisation. Berlin: Duncker & Humblot.

Luhmann, Niklas (1970): Allgemeines Modell organisierter Sozialsysteme. Bielefeld: Unveröff Ms.

Luhmann, Niklas (1971): Reform des öffentlichen Dienstes. In: Niklas Luhmann (Hg.): Politische Planung. Opladen: WDV, S. 203–256.

Luhmann, Niklas (1972): Rechtssoziologie. Reinbek: Rowohlt.

Luhmann, Niklas (1973): Zweckbegriff und Systemrationalität. Frankfurt a.M.: Suhrkamp.

Luhmann, Niklas (1975): Interaktion, Organisation, Gesellschaft. In: Niklas Luhmann (Hg.): Soziologische Aufklärung 2. Opladen: WDV, S. 9–20.

Luhmann, Niklas (1993): Die Paradoxie des Entscheidens. In: *Verwaltungsarchiv* 84, S. 287–310.

Luhmann, Niklas (2000): Organisation und Entscheidung. Opladen: WDV.

Luhmann, Niklas; Schorr, Karl-Eberhard (1982): Personale Identität und Möglichkeiten der Erziehung. In: Niklas Luhmann und Karl-Eberhard Schorr (Hg.): Zwischen Technologie und Selbstreferenz, S. 224–261.

Mangham, I. L. (1990): Management as Performing Art. In: *British Journal of Management* 1, S. 105–115.

March, James G. (1991): Exploration and Exploitation in Organizational Learning. In: *Organization Science* 2, S. 71–87.
March, James G. (2010): The Ambiguities of Experience. Ithaca: Cornell University Press.
March, James G. (2016): Zwei Seiten der Erfahrung. Wie Organisationen intelligenter werden können. Heidelberg: Carl-Auer.
Matthiesen, Kai; Muster, Judith; Laudenbach, Peter (2022): Humanisierung der Organisation. Wie man dem Menschen gerecht wird, indem man den Großteil seines Wesens ignoriert. München: Vahlen.
Mayo, Elton (1933): The Human Problems of an Industrial Civilization. New York: Macmillan.
Meyer, John W.; Rowan, Brian (1977): Institutionalized Organizations. Formal Structure as Myth and Ceremony. In: *American Journal of Sociology* 83, S. 340–363.
Micklethwait, John; Wooldrige, Adrian (1996): The Witch Doctors. Making Sense of the Management Gurus. London: William Heinemann.
Miller, Danny; Hartwick, Jon (2002): Spotting Management Fads. In: *Harvard Business Review* 80 (10), S. 26–27.
Miller, Danny; Hartwick, Jon; Le Breton-Miller, Isabelle (2004): How to Detect a Management Fad – and Distinguish it from a Classic. In: *Business Horizons* 47 (4), S. 7–16.
Moldaschl, Manfred; Sauer, Dieter (2000): Internalisierung des Marktes. Zur neuen Dialektik von Kooperation und Herrschaft. In: Heiner Minssen (Hg.): Begrenzte Entgrenzung. Wandlungen von Organisation und Arbeit. Berlin: Edition Sigma, S. 205–224.
Neuberger, Oswald (1994): Zur Ästhetisierung des Managements. In: Georg Schreyögg und Peter Conrad (Hg.): Managementforschung 4. Berlin, New York: Walter de Gruyter, S. 1–70.
Neuberger, Oswald (1996): Im anderen das eigene bekämpfen. In: *Die Betriebswirtschaft* 56, S. 276–278.
Nicolai, Alexander T.; Simon, Fritz B. (2001): Kritik der Mode, Managementmoden zu kritisieren. In: Hans A. Wüthrich,

Wolfgang B. Winter und Andreas F. Philipp (Hg.): Grenzen ökonomischen Denkens. Auf den Spuren einer dominanten Logik. Wiesbaden: Gabler Verlag, S. 499–524.

Odiorne, George S. (1965): Management by Objectives. A System of Managerial Leadership. New York: Pitman.

Oestereich, Bernd; Schröder, Claudia (2017): Das kollegial geführte Unternehmen. Ideen und Praktiken für die agile Organisation von morgen. München: Vahlen.

Örtenblad, Anders; Lamb, Peter; Hsu, Shih-Wei (2015): Empowering Students to Translate Management Panaceas. In: Anders Örtenblad (Hg.): Handbook of Research on Management Ideas and Panaceas. Adaptation and Context. Cheltenham, Northampton: Edward Elgar, S. 380–396.

Ortmann, Günther (2021): Agilität versus Hierarchie? Kulturen der Beidhändigkeit. In: Judith Muster, Finn-Rasmus Bull und Jens Kapitzky (Hg.): Postbürokratisches Organisieren. Formen und Folgen agiler Arbeitsweisen. München: Vahlen, S. 169–190.

Ostroff, Frank (1999): The Horizontal Organization. What the Organization of the Future Looks Like and How it Delivers Value to Customers. New York: Oxford University Press.

Pascale, Richard T. (1990): Managing on the Edge. How the Smartest Companies Use Conflict to Stay Ahead. New York.

Peters, Thomas J. (1988): Thriving on Chaos. Handbook for a Management Revolution. New York: Harper & Row.

Peters, Thomas J. (1992): Liberation Management. Necessary Disorganization for the Nanosecond Nineties. New York: Knopf.

Peters, Thomas J.; Waterman, Robert H. (1982): In Search of Excellence. Lessons from America's Best-Run Companies. New York: Harper & Row.

Pfeffer, Jeffrey; Sutton, Robert I. (2006): Hard Facts, Dangerous Half-truths, and Total Nonsense. Profiting from Evidence-based Management. Boston MA: Harvard Business School Press.

Pinchot, Gifford (1988): Intrapreneuring. Mitarbeiter als Unternehmer. Wiesbaden: Gabler.

Porter, Michael E. (1980): Competitive Strategy. Techniques for Analyzing Industries and Competitors. New York: Free Press.

Purser, Ronald E.; Cabana, Steven (1998): The Self Managing Organization. How Leading Companies are Transforming the Work of Teams for Real Impact. New York: Free Press.

Reay, Trish; Chreim, Samia; Golden-Biddle, Karen; Goodrick, Elizabeth; Williams, B. E.; Casebeer, Ann et al. (2013): Transforming New Ideas into Practice: An Activity Based Perspective on the Institutionalization of Practices. In: *Journal of Management Studies* 50, S. 963–990.

Robertson, Brian J. (2015): Holacracy. The Revolutionary Management System that Abolishes Hierarchy. London: Portfolio Penguin.

Robertson, Brian J. (2016): Holacracy. Ein revolutionäres Management-System für eine volatile Welt. München: Verlag Franz Vahlen.

Rodríguez, Darío (1991): Gestion organizacional. Elementos para su estudio. Santiago de Chile: Pontificia Universidad Católica de Chile.

Roethlisberger, Fritz Jules; Dickson, William J. (1939): Management and the Worker. An Account of a Research Program Conducted by the Western Electric Company, Hawthorne Works, Chicago. Cambridge: Harvard University Press.

Rottenburg, Richard (1996): When Organization Travels: On Intercultural Translation. In: Barbara Czarniawska und Guje Sevón (Hg.): Translating Organizational Change. Berlin, New York: Walter de Gruyter, S. 191–240.

Scharmer, Otto (2007): Theorie U: Von der Zukunft her führen. Presencing als evolutionäre Grammatik und soziale Technik für die Erschliessung des vierten Feldes sozialen Werdens. In: *Gesprächspsychotherapie und Personzentrierte Beratung* 4, S. 202–211.

Scharmer, Otto (2009a): Theorie U. Von der Zukunft her führen; Presencing als soziale Technik. Heidelberg: Carl-Auer.

Scharmer, Otto (2009b): Theory U. Leading from the Future as it Emerges. San Francisco, London: Berrett-Koehler; McGraw-Hill.

Schumpeter, Joseph A. (1947): Kapitalismus, Sozialismus und Demokratie. Tübingen: J. C. B. Mohr.

Senge, Peter M. (1990): The Fifth Discipline: The Art and Practice of the Learning Organization. New York: Doubleday.

Sievers, Burkard (1989): Führung als Perpetuierung von Unreife. In: *Gruppendynamik* 20, S. 43–50.

Simmel, Georg (2012): Philosophie der Mode. In: Otthein Rammstedt (Hg.): Georg Simmel. Gesamtausgabe. Band 10. Frankfurt a.M.: Suhrkamp, S. 8–37.

Simon, Herbert A. (1946): The Proverbs of Administration. In: *Public Administration Review* 6, S. 53–67.

Sorge, Arndt; van Witteloostuijn, Arjen (2004): The (Non)Sense of Organizational Change: An Essai about Universal Management Hypes, Sick Consultancy Metaphors, and Healthy Organization Theories. In: *Organization Studies* 25, S. 1205–1231.

Sprenger, Reinhard K. (1997): Mit Appetitzüglern ernährt. In: *Wirtschaftswoche*, 8.5.1997, S. 146.

Spyridonidis, Dimitrios; Currie, Graeme; Heusinkveld, Stefan; Strauss, Karoline; Sturdy, Andrew (2016): The Translation of Management Knowledge: Challenges, Contributions and New Directions. In: *International Journal of Management Reviews* 18, S. 231–235.

Starbuck, William H. (2009): The Constant Causes of Never-ending Faddishness in the Behavioral and Social Sciences. In: *Scandinavian Journal of Management* 25, S. 108–116.

Sturdy, Andrew; Heusinkveld, Stefan; Reay, Trish; Strang, David (2019): Researching Management Ideas: An Introduction. In: Andrew Sturdy, Stefan Heusinkveld, Trish Reay und David Strang (Hg.): The Oxford Handbook of Management Ideas. Oxford: Oxford University Press, S. 1–23.

Sunstein, Cass R. (2001): Academic Fads and Fashions (with Special Reference to Law). In: *Michigan Law Review* 99, S. 1251–1264.

Taylor, Frederick W. (1967): The Principles of Scientific Management. London: Norton.

Thompson, James D. (1967): Organizations in Action. New York: McGraw-Hill.

Tichy, Noel M. (1995): Regieanweisung für Revolutionäre. Unternehmenswandel in drei Akten. Frankfurt a.M., New York: Campus.
Toffler, Alvin (1971): Future Shock. New York: Bantam Book.
Turco, Catherine J. (2016): The Conversational Firm. Rethinking Bureaucracy in the Age of Social Media. New York: Columbia University Press.
Wendler, Roy (2012): The Maturity of Maturity Model Research. A Systematic Mapping Study. In: *Information and Software Technology* 54, S. 1317–1339.
Whyte, William Foote (1951): Small Groups and Large Organizations. In: John R. Rohrer und Muzafer Sherif (Hg.): Social Psychology at the Crossroads. New York: Harper, S. 297–312.
Womack, James P.; Jones, Daniel T.; Roos, Daniel (1990): The Machine that Changed the World. New York: Maxwell Macmillan International.

Weiterführende Literatur

Kühl, Stefan (2020): *Organisationen. Eine sehr kurze Einführung.* 2. Aufl. Wiesbaden: Springer VS.
Kühl, Stefan (2015): Laterales *Führen. Eine kurze, organisationstheoretisch informierte Handreichung zu Macht, Vertrauen und Verständigung.* Wiesbaden: Springer VS.
Kühl, Stefan; Muster, Judith (2015): *Organisationen gestalten. Eine kurze organisationstheoretisch informierte Handreichung.* Wiesbaden: Springer VS.
Kühl, Stefan (2015): *Leitbilder erarbeiten. Eine kurze organisationstheoretisch informierte Handreichung.* Wiesbaden: Springer VS.
Kühl, Stefan (2015): *Strategien entwickeln. Eine kurze organisationstheoretisch informierte Handreichung.* Wiesbaden: Springer VS.
Kühl, Stefan (2015): *Märkte explorieren. Eine kurze organisationstheoretisch informierte Handreichung.* Wiesbaden: Springer VS.

Kühl, Stefan (2015): *Projekte führen. Eine kurze organisationstheoretisch informierte Handreichung*. Wiesbaden: Springer VS.
Kühl, Stefan (2018): *Organisationskulturen beeinflussen. Eine sehr kurze Einführung*. Wiesbaden: Springer VS.
Kette, Sven (2019): *Compliance managen. Eine sehr kurze Einführung*. Wiesbaden: Springer VS.
Barnutz, Sebastian; Kette, Seven (2019): *Compliance managen. Eine sehr kurze Einführung*. Wiesbaden: Springer VS.
Kühl, Stefan; Nolte, Mascha (2023): *Workshops moderieren. Eine sehr kurze Einführung*. Wiesbaden: Springer VS.
Kühl, Stefan (2015): *Wenn die Affen den Zoo regieren. Die Tücken der flachen Hierarchien*. 6., aktual. Aufl., Frankfurt a.M., New York: Campus.
Kühl, Stefan (2015): *Das Regenmacher-Phänomen. Widersprüche im Konzept der lernenden Organisation*. 2., aktual. Aufl., Frankfurt a.M., New York: Campus.
Kühl, Stefan (2015): Sisyphos im Management. *Die vergebliche Suche nach der optimalen Organisationsstruktur*. 2., aktual. Aufl., Frankfurt a.M., New York: Campus.
Kühl, Stefan (2022): *Schattenorganisation. Agiles Management und ungewollte Bürokratisierung*. Frankfurt a.M.; New York: Campus.
Kühl, Stefan (2022): *Der ganz formale Wahnsinn. 111 Einsichten in die Welt der Organisationen*. München: Vahlen.
Kühl, Stefan (Hg.) (2015): *Schlüsselwerke der Organisationsforschung*. Wiesbaden: Springer VS.
Kühl, Stefan; Strodtholz, Petra; Taffertshofer, Andreas (Hg.) (2009): *Handbuch Methoden der Organisationsforschung*. Wiesbaden: VS Verlag für Sozialwissenschaften.

The manufacturer's authorised representative in the EU is Springer Nature Customer Service Centre GmbH, Europaplatz 3, 69115 Heidelberg, Germany. If you have any concerns regarding our products, please contact ProductSafety@springernature.com

Printed and bound by CPI Group (UK) Ltd, Croydon, CR0 4YY
26/03/2026
02078972-0001